Axel Dreher · Harry Bischof

Moderne Klassiker

der deutschen Küche

HÄDECKE

Abkürzungen

g   Gramm
kg   Kilogramm
St.   Stück
EL   Eßlöffel
TL   Teelöffel
Msp.   Messerspitze
Bd.   Bund
Pck.   Packung bzw. Paket
l   Liter
cl   Zentiliter

Die Garzeiten beziehen sich auf haushaltsübliche
Elektroherde. Abweichungen sind je nach Typ möglich.
Soweit nicht anders angegeben, sind die Rezepte für
4 Personen berechnet.

ISBN 3-7750-0220-0
© Walter Hädecke Verlag, D-7252 Weil der Stadt, 1991.

Fotos: L'Eveque
Fotografie: Harry Bischof.
Foodstyling: Axel Dreher.
Umschlaggestaltung: Lothar Hebel, Heidelberg, nach einem Foto von Harry Bischof.
Bearbeitung der Vortexte: Maika de Riese, München.
Satz: IBV Satz- und Datentechnik GmbH, Berlin
Druck: Mohndruck Gütersloh, 1991

Inhalt

nia Butter (drei Loth [52

is drei Stunden ist fie

◁ Brunnenkresse mit geräucherter Lachsforelle und Egerlingen, Rezept S. 14

Warum »Moderne Klassiker«?

In der Gastronomie oder in der eigenen Küche – Klassiker sind wieder gefragt.

Die moderne Küche wendet sich wieder den Klassikern zu und entdeckt Großmutters Rezepte neu – allerdings mit teilweise veränderten und der heutigen Zeit angepaßten Zutaten. Unser Geschmack hat sich gewandelt und wir wissen mehr über die richtige Ernährung.

Daher essen wir lieber leichter und bei der Vielfalt des Angebots auch abwechslungsreicher.

Bei den Arbeiten für unser Buch haben wir diesen Aspekt berücksichtigt, traditionelle Küchenklassiker »entstaubt« und versucht, ihnen mit frischen Ideen neuen Glanz zu verleihen.

Und da es unser Beruf ist, Lebensmittel zu fotografieren und appetitanregend zu gestalten, haben wir uns bemüht, die Rezepte mit dem passenden Ambiente zu versehen und mit Achtung vor der Tradition ins beste Licht zu setzen.

Unser Interesse galt besonders auch den ganz normalen alltäglichen Gerichten. Ihnen versuchten wir eine zeitgemäße Ausrichtung zu geben. Ein Gleichklang von Geschmack und Inhalt – das war unser Ziel. Unser Hauptaugenmerk liegt immer beim Selbermachen. Es lohnt sich, dafür mehr Zeit aufzuwenden. Der ganz persönliche Geschmack, die individuelle Note, läßt sich nur so verwirklichen.

Vorab noch ein Tip zum Einkaufen: Für das gute Gelingen sind Frische und Qualität der verwendeten Produkte wichtigste Voraussetzung. Man sollte nicht an der falschen Stelle sparen; gerade bei den einfachsten Gerichten sind die guten Zutaten leicht herauszuschmecken.

Die »Modernen Klassiker der deutschen Küche« bieten Anregungen für viele Gelegenheiten. Das schnell zubereitete Lieblingsgericht, das festliche Menü für willkommene Gäste, die man verwöhnen möchte – für jeden Anlaß ist etwas dabei. Wir wünschen Ihnen viel Spaß und gutes Gelingen beim Zubereiten!

Ihr *Harry Bischof und Axel Dreher*

Salate & Sülzen

Nichts geht über einen frischen, knackigen Salat, der mit einer fein abgestimmten Sauce angemacht wurde! Bei der Abstimmung einer Salatsauce zeigt sich die Persönlichkeit, und die sollte jeder pflegen, deshalb halten wir von den Fertigsaucen gar nichts. Basis einer guten Salatsauce sind immer bester Essig und hochwertiges Öl. Doch wenn auch das Sprichwort sagt, daß sauer lustig macht, sollten Sie es an Ihrem Salat nicht ausprobieren. Auch die Gewürze dürfen den feinen Naturgeschmack des Salats nicht überdecken. Gute Begleiter sind frische Kräuter und saure Sahne. Experimentieren Sie; Übung macht den Meister.

Der zweite wichtige Punkt beim Salat ist die Frische. Es macht Spaß, sich auf Wochenmärkten das Feinste, Frischeste und Knackigste auszusuchen und im großen Angebot immer neue Sorten zu entdecken, die man noch nie probiert hat. Salatkompositionen aus vielerlei Sorten sind ideale Schlankmacher, und im Sommer, wenn es heiß ist und der Appetit klein, ersetzen sie leicht eine große Mahlzeit.

Will man frischen Salat eine Weile aufbewahren, so geht das am besten in feuchtem Küchenkrepp, schon gewaschen und gezupft. Oder man wickelt den ganzen Kopf in ein feuchtes Küchentuch und bewahrt ihn im Gemüsefach des Kühlschranks auf.

Frisch und kühl wie Salat ist auch Sülze. Sie galt als Leib- und Magenspeise der Großvätergeneration, und nicht selten wurde die Qualität einer jungen Braut an ihrem Sülze-Können gemessen. Gutes Fleisch ist sehr wichtig für ihren Geschmack. Das Gelee darf nicht zu fest werden. Fein abgestimmte Brühen und Bouillons und zarte Gemüse geben ihr den letzten Pfiff. Solch ein selbstgemachtes Sülzchen hat nichts gemein mit der traurigen Resteverwertung, die einem hier und da in mittelmäßigen Lokalen als Sülze vorgesetzt wird. Stellen wir uns diesen modernen Klassiker lieber selber her. Die Mühe lohnt sich.

Vinaigrette

Zutaten

1 hartgekochtes Ei, fein gewürfelt
15 EL gutes Öl (auch Olivenöl)
10 EL Rotweinessig
5 EL Wasser
2 EL gehackter Kerbel
1 EL gehackter Estragon
2 EL gehackte Petersilie
2 EL geschnittener Schnittlauch
1 EL kleingeschnittene Kapern
Salz, Pfeffer aus der Mühle

Zubereitung

Das fein gewürfelte Ei mit einem Schneebesen breiig verrühren und das Öl tropfenweise einrühren. Dann alle anderen Zutaten unterheben und zum Schluß mit Salz und Pfeffer würzen.
Die Vinaigrette sollte eine fast cremige Konsistenz haben.
Diese klassische Salatsauce paßt zu allen Blattsalaten, ebenso zu Rohkostsalaten, zu Spargel und zu verschiedenen Schalen- und Krustentieren.

Rotweindressing

Zutaten

10 EL Rotweinessig
7 EL Distelöl
1 Knoblauchzehe, zerdrückt
2 EL Johannisbeersaft
1 EL Rotwein
1 Prise Zucker
Salz, Pfeffer aus der Mühle
gehackte Kräuter nach Geschmack

Zubereitung

Für das Rotweindressing alle Zutaten in einen Mixer geben und eine Minute auf der höchsten Stufe laufen lassen. Es entsteht eine sämige Sauce, die ganz nach Geschmack mit fein gewiegten Kräutern noch verfeinert werden kann. Kerbel eignet sich hierzu ganz besonders.
Diese Salatsauce, die sich im Kühlschrank sehr gut aufbewahren läßt, paßt sehr gut zu allen Blattsalaten, Sprossen und Nudelsalaten.

Senfdressing

Zutaten

4 Eigelb
1 TL Worcestershiresauce
2 EL Senf, mittelscharf
Salz, Pfeffer aus der Mühle
3/8 l Sonnenblumenöl
2 EL Rotweinessig
2 EL Wasser

Zubereitung

Die Eigelbe in eine Metallschüssel geben und mit dem Handrührgerät verrühren. Die Worcestershiresauce und den Senf zugeben und nochmals alles gut miteinander vermengen. Das Handrührgerät bei mittlerer Geschwindigkeit laufen lassen, würzen und das Öl tropfenweise beigeben.
Das Öl darf nicht zu kalt sein, da die Senfmayonnaise sonst schnell gerinnt. Zum Schluß zu der dickflüssigen Mayonnaise Rotweinessig und Wasser zugeben und zu einer cremigen Salatsauce verrühren.
Diese Sauce kann mehrere Tage im Kühlschrank aufbewahrt werden und eignet sich für alle Arten von Blattsalaten, Eier- und Fischsalaten.

Kartoffeldressing

Zutaten

1 mittelgroße, gekochte Kartoffel
6 EL Weißweinessig
2 EL Öl
100 g Sahne
1 Bd. frischer Majoran
Salz, Pfeffer aus der Mühle

Zubereitung

Die gekochte Kartoffel schälen, in kleine Stücke schneiden und in den Mixer geben. Den Essig, das Öl, die Sahne und den etwas kleiner geschnittenen Majoran zugeben und zu einer sämigen Salatsauce mixen.

Sollte die Sauce noch zu dickflüssig sein, kann man je nach Geschmack noch etwas Sahne oder Wasser unterrühren. Zum Schluß mit Salz und Pfeffer abschmecken.

Sahnedressing mit Gartenkresse

Zutaten

250 g Schlagrahm
1 Knoblauchzehe
2 EL Zitronensaft
1 Pck. Gartenkresse
Salz, Pfeffer aus der Mühle

Zubereitung

Die Sahne in eine Schüssel geben, die zerdrückte Knoblauchzehe, den Zitronensaft und die fein gewiegte Gartenkresse zugeben.

Die Zutaten verrühren und mit Salz und Pfeffer abschmecken. Durch den Zitronensaft wird die Sahne dickflüssig, und es entsteht eine schön geschmeidige Sauce.

Cocktailsauce

Zutaten

10 EL Mayonnaise (Rezept, Seite 12)
5 EL Tomatenketchup
2 EL Cognac
2 EL Orangensaft
1 EL Meerrettich
1 Msp. Cayenne-Pfeffer
Salz

Zubereitung

Alle oben genannten Zutaten zu einer sämigen Sauce verrühren.

Das Abschmecken mit dem Cayenne-Pfeffer sollte sehr vorsichtig geschehen, da er sonst den Geschmack des jeweiligen Salates überdeckt.

Diese Salatsauce eignet sich auch als Dip für Rohkostbuffets.

Salatmayonnaise und Remoulade

Zutaten

3 Eigelb
1 EL Senf
1 TL Worchestershiresauce
1/2 l Öl (leicht temperiert)
2 EL Essig
Salz, Pfeffer
2 EL kochendes Wasser

Zubereitung

Die Eigelbe in einer Schüssel mit dem Senf und der Worchestershiresauce verrühren. Das Handrührgerät bei mittlerer Geschwindigkeit laufen lassen und das Öl tropfenweise dazugeben, bis eine dicke Mayonnaise entsteht. Mit Essig, Salz und Pfeffer abschmecken und zum Schluß noch das kochende Wasser zugeben – so wird das Gerinnen der Mayonnaise verhindert.

Diese Mayonnaise kann als eigenständige Salatsauce verwendet werden, oder man benutzt sie als Grundsauce und verfeinert sie noch mit Kräutern, gekochten Eiern und Kapern.

Grundansatz zur Herstellung eigener Essigsorten

Um den eigenen individuellen Geschmack hervorzuheben, braucht man sich nicht auf die im Handel erhältlichen Essigsorten und Essigessenzen zu beschränken, sondern kann sich natürlich auch einige Geschmacksrichtungen selbst herstellen.

Grundrezept für Weinessig aus Essigessenz

Für 1/8 l Rotwein, Weißwein oder Sherry braucht man 1 EL Essigessenz. Je nach Farbe des Grundproduktes sollte die Essigessenz weiß oder rot sein.

Nach dem Rezept lassen sich die herrlichsten Essigsorten herstellen, die je nach Jahreszeit ganz verschieden sein können.

Brombeeressig

Zutaten

100 g frische Brombeeren
1/4 l Rotwein (nicht zu kräftig)
2 EL rote Essigessenz

Zubereitung

Die Brombeeren putzen und mit den anderen Zutaten in eine Flasche füllen und mit einem Naturkorken verschließen.
Nach ca. 2–3 Wochen ist der Essig fertig und braucht nur noch durch ein Tuch passiert zu werden.

Nach der gleichen Methode kann man auch **Himbeeressig, Johannisbeeressig** oder **Erdbeeressig** herstellen.

Quittenessig

Bei diesem Rezept wird anstelle von frischen Früchten mit Quittengelee gearbeitet. Dieser Essig ist dann etwas dickflüssiger, hat aber einen wunderbar fruchtigen Geschmack.

Natürlich finden bei Salaten auch die sogenannten **Kräuteressige** Verwendung. Dazu sollten die Kräuter sehr gut gewaschen und getrocknet werden. Ebenso wichtig ist es, daß nur gute Weine zum Ansatz benutzt werden.

Zwiebelessig mit Thymian

Zutaten

100 g geschälte Schalotten
1/2 l Weißherbst
1 Bd. Thymian
5–8 Pfefferkörner
4 EL Essigessenz (0,1l)

Zubereitung

Die Schalotten mit dem Weißherbst kurz aufkochen und abkühlen lassen. Die Thymianblättchen von den Stielen zupfen und mit den Pfefferkörnern zu dem Weißherbst-Zwiebelgemisch geben. Die Essigessenz zugeben und die Flüssigkeit in eine Flasche füllen.

Diesen Essig sollte man unbedingt abpassieren.

Salatkabarett

Dieser »Salat« ist ein echter Gaumenschmaus für alle Freunde von Rohkostsalaten. Hierzu kann man alle Arten von Salaten und Gemüsen verwenden. Ebenso vielfältig kann die Saucenauswahl sein, denn gerade die verschiedenen Saucen machen dieses Essen zu einem Erlebnis.

Champignons, Radieschen, Blumenkohl, Romanesco, Karotten, Zucchinis, Tomaten, Frühlingslauch, Spargel, Paprika, Staudensellerie, Kopfsalat, Radicchio, Eichblattsalat und alles, was der Markt noch bietet.

Dazu reicht man: z. B. Vinaigrette, Senfdressing, Cocktailsauce usw. (siehe Seite 10, 11).

Auch eigene Kreationen lassen sich hier ausprobieren.

Rotkrautsalat mit Curry

Zutaten

1 mittelgroßer Rotkohl
2 EL Johannisbeergelee
4 EL Weinessig
6 EL Öl
Salz, Pfeffer
1 TL Curry
nach Bedarf 3 EL süße Sahne

Zubereitung

Vom Rotkohl die äußeren Blätter und den Strunk entfernen. Den Kopf vierteln und in sehr feine Streifen schneiden. Mit den anderen Zutaten vermengen und einige Zeit durchziehen lassen. Dieser Salat läßt sich durch etwas Sahne sehr einfach verfeinern.

Brunnenkresse mit geräucherter Lachsforelle und Egerlingen

Zutaten

*2 Bd. Brunnenkresse, ersatzweise
Eichblattsalat
100 g Egerlinge
150 g geräucherte Lachsforelle
Saft einer Zitrone
3 EL Estragonessig (siehe Essigherstellung,
Seite 12)
4 EL Olivenöl, 1. Pressung
Salz, Pfeffer aus der Mühle
rosa Pfefferkörner*

Zubereitung

Von der Brunnenkresse die Stiele kürzen und die
Blättchen in reichlich Wasser reinigen.
Die Egerlinge abbürsten, in feine Blättchen schneiden und mit Zitronensaft beträufeln, damit die Pilze
sich nicht verfärben.
Lachsforelle in feine Streifen schneiden.
Die Brunnenkresse in einem Sieb abtropfen lassen
und gleichmäßig auf den Tellern anrichten. Die Egerlingblättchen sowie die Forellenstreifen auf dem Salat verteilen. Abwechselnd den Estragonessig und
das Olivenöl tropfenweise über den Salat geben. Mit
Salz, Pfeffer und rosa Pfefferkörnern würzen und abschmecken.

Löwenzahnsalat mit marinierter Hühnerbrust

Zutaten

*2 Hühnerbrüste
1 TL süßer Senf
1 EL Sojasauce
2 Bd. Löwenzahn
2 EL Zwiebelessig, Seite 13
3 EL Öl
1 Bd. Schnittlauch
50 g Butter
etwas Wasser
Salz, Pfeffer*

Zubereitung

Die Hühnerbrüste von den Knochen befreien, mit
Senf, Salz und Pfeffer einreiben. Mit der Sojasauce
beträufeln und zugedeckt im Kühlschrank 3–4 Stunden marinieren lassen.
In der Zwischenzeit den Löwenzahn in kleinere Teile
zupfen und in Wasser kurz waschen.
Mit dem Essig, dem Öl, dem geschnittenen Schnittlauch und etwas Wasser eine Marinade herstellen
und mit den Gewürzen abschmecken.
Den Salat in der Schleuder trocknen und mit der Salatsauce vermengen.
Die Hühnerbrust in nicht zu heißer Butter von beiden
Seiten knusprig braten, in Scheiben schneiden und
fächerförmig auf dem Salat anrichten.

Verschiedene Sprossen im Kartoffelnestchen

Zutaten

4 mittelgroße Kartoffeln
300 g verschiedene Sprossen:
Alfalfa, Radieschen, Mungobohnen, Linsen,
Sojasprossen
1 kleine Zwiebel
1 Bd. Majoran
knapp 1/8 l Sahne
3 EL Weißweinessig
4 EL Pflanzenöl
Salz, Pfeffer aus der Mühle

Zubereitung

Die Kartoffeln unter fließendem Wasser bürsten und in reichlich Salzwasser bißfest garen.
Nach dem Erkalten mit einem Teelöffel vorsichtig an der oberen Seite eine tiefe Tasche aushöhlen.
Die Sprossen kalt abspülen und in einem Sieb abtropfen lassen.
Das ausgehöhlte Kartoffelmark mit der gewürfelten Zwiebel, dem feingeschnittenen Majoran, der Sahne, Essig und Öl in einem Mixer fein pürieren. Mit Salz und Pfeffer abschmecken und je nach Bedarf noch etwas Wasser zugeben. Jetzt die gewaschenen Sprossen miteinander vermischen und in die Kartoffelnestchen einfüllen. Zum Schluß das Kartoffeldressing über die Sprossen geben.
Bei diesem Salat kann man die Kartoffeln auch warm servieren.

Grüner Spargel mit Forellentatar

Zutaten

1 Bd. grüner Spargel
2 EL Zucker
Saft einer Zitrone
1 Forelle (ca. 500 g)
1 kleine milde Zwiebel
1/2 Bd. Petersilie
1/2 Bd. Schnittlauch
3 EL Weinessig
3 EL Öl
etwas Wasser
Salz, Pfeffer

Zubereitung

Die Spargelstangen in ca. 4 cm lange Stücke schneiden und mit dem Zucker, etwas Salz und dem Saft einer halben Zitrone bißfest garen.
Die frische Forelle ausnehmen, von den Gräten und der Haut befreien und mit einem scharfen Messer zu feinstem Tatar hacken. Mit Salz, Pfeffer und dem noch verbleibenden Zitronensaft würzen und die Masse zu kleinen Kügelchen formen. Die Zwiebel schälen, fein würfeln und mit der gehackten Petersilie, den Schnittlauchröllchen, dem Essig, dem Wasser und dem Öl zu einer Marinade verrühren.
Die noch lauwarmen Spargelstücke in der Sauce wenden und mit dem Tatar auf Tellern anrichten.

wiebel fein gewiegt, ein m

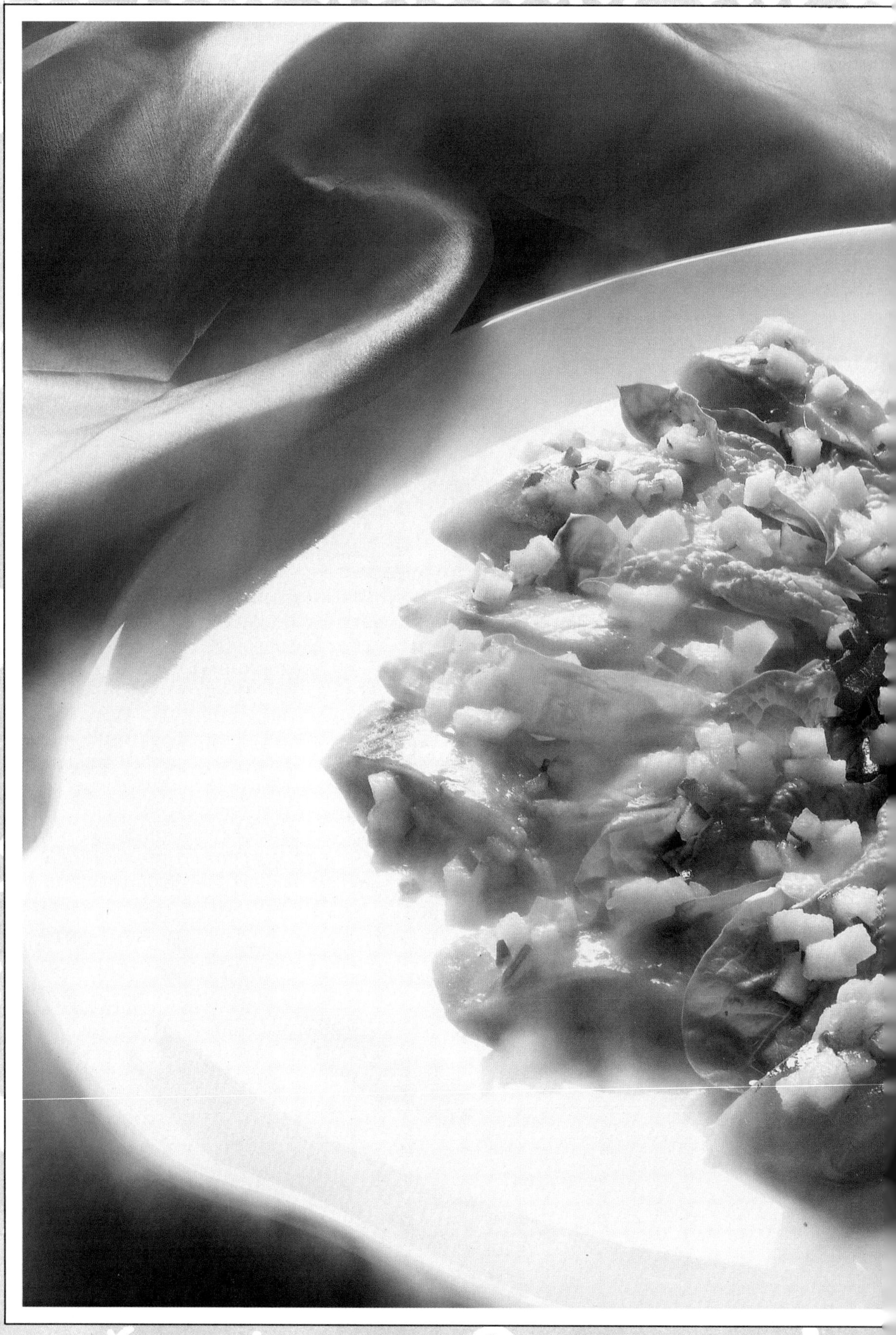

h ausbrate. In zwei

Chinakohl mit glacierten Äpfeln und Nüssen

Zutaten

1 mittelgroßer Chinakohl
75 g Butter
1 EL Zucker
1 EL Honig
100 g Walnußkerne
1 säuerlicher Apfel
3 EL Weißweinessig
3 EL Öl
2 EL Sahne
Salz, Pfeffer aus der Mühle

Zubereitung

Den Chinakohl halbieren und in feine Streifen schneiden. In lauwarmem Wasser waschen und gut abtropfen lassen.

Die Butter in einer Pfanne erhitzen und darin den Zucker karamelisieren lassen. Den Honig, die Walnußkerne und den geschälten und in Würfel geschnittenen Apfel zugeben und glacieren.

Aus dem Weißweinessig, dem Öl, der Sahne und den Gewürzen eine feine Marinade herstellen und die Chinakohlstreifen darin wenden. Den Salat auf Tellern oder in einer großen Schüssel anrichten und mit den glacierten Zutaten bestreuen.

Feldsalat mit Speckfladen

Zutaten

300 g Feldsalat
3 EL Brombeeressig, Seite 12
3 EL Öl
1 EL Sahne
1/2 Bd. Estragon
Salz, Pfeffer aus der Mühle
50 g geräucherter Schweinebauch
2 Eier
100 g Champignons
50 g Semmelbrösel
50 g Butter

Zubereitung

Den Feldsalat von den Wurzeln befreien und mehrmals waschen. Den Essig mit dem Öl, der Sahne, dem gehackten Estragon verrühren und mit den Gewürzen abschmecken.

Den geräucherten Schweinebauch kleinschneiden, mit den Eiern und den gewaschenen Champignons im Mixer fein pürieren. Mit Salz und Pfeffer würzen. Die Semmelbrösel unterrühren, bis eine zähe Masse entsteht. Die Butter in einer Pfanne erhitzen und darin kleine Fladen ausbacken.

Den Feldsalat mit der Salatsauce anmachen, auf Tellern verteilen und mit den heißen Speckfladen servieren.

◁ Heringsfilets mit Spinatblättern auf Roter Bete, Rezept S. 22

Marinierte Kartoffelscheiben mit Hühnerleber

Zutaten

4 Kartoffeln
50 g Butter
180 g Hühnerleber
2 EL Cognac
2 EL Portwein
3 EL milder Weinessig
3 EL Öl
1 TL Senf
1/2 Bd. Majoran
Salz, Pfeffer aus der Mühle

Zubereitung

Die Kartoffeln mit der Schale knackig kochen und sofort schälen.

Die Hühnerleber von den feinen Sehnen befreien und mit der Butter in einer Pfanne anbraten. Mit Cognac und dem Portwein ablöschen und mit Salz und etwas Pfeffer würzen.So lange braten, bis die Flüssigkeit verdampft ist.

Aus dem Essig, dem Öl, dem Senf und dem gehackten Majoran eine Salatsauce herstellen und nach Bedarf noch etwas Wasser hinzufügen.

Die lauwarmen Kartoffeln in dünne Scheiben schneiden, auf Tellern anrichten und mit der Salatsauce marinieren. Die gebratene Hühnerleber auf den Kartoffelscheiben anrichten und sofort servieren.

Marinierter Tofu im Radicchiomantel mit gerösteten Sonnenblumenkernen

Zutaten

1 Pck. Tofu (ca. 200 g)
1 Bd. Estragon, ersatzweise auch getrocknet
Saft einer Zitrone
1 cl Wasser
1 großer Kopf Radicchio
100 g geröstete Sonnenblumenkerne
4 EL Sonnenblumenöl
3 EL Rotweinessig
Salz, Pfeffer aus der Mühle

Zubereitung

Der folgende Arbeitsschritt sollte schon einige Stunden vor dem Essen getan werden, damit der Tofu gut durchziehen kann: Den Tofu in gleichgroße Stücke schneiden (ca. 2 × 2 cm), mit dem gehackten Estragon, dem Saft einer Zitrone und dem Wasser einlegen.

Den Radicchiokopf in große Blätter zerpflücken und kurz mit kochendem Wasser überbrühen. Sofort in kaltem Wasser abschrecken und zum Abtropfen beiseite stellen.

In der Zwischenzeit die Sonnenblumenkerne gleichmäßig rösten und abkühlen lassen.

Jetzt die Radicchioblätter einzeln auslegen, die Tofustücke darin einwickeln und auf einem Teller schön anrichten.

Für die Salatsauce alle Zutaten zu einer sämigen Sauce verrühren und mit Salz und Pfeffer aus der Mühle würzen.

Die Radicchiohüllen mit der Sauce begießen und mit den gerösteten Sonnenblumenkernen bestreuen.

Hierzu paßt am besten Kastenweißbrot, leicht geröstet.

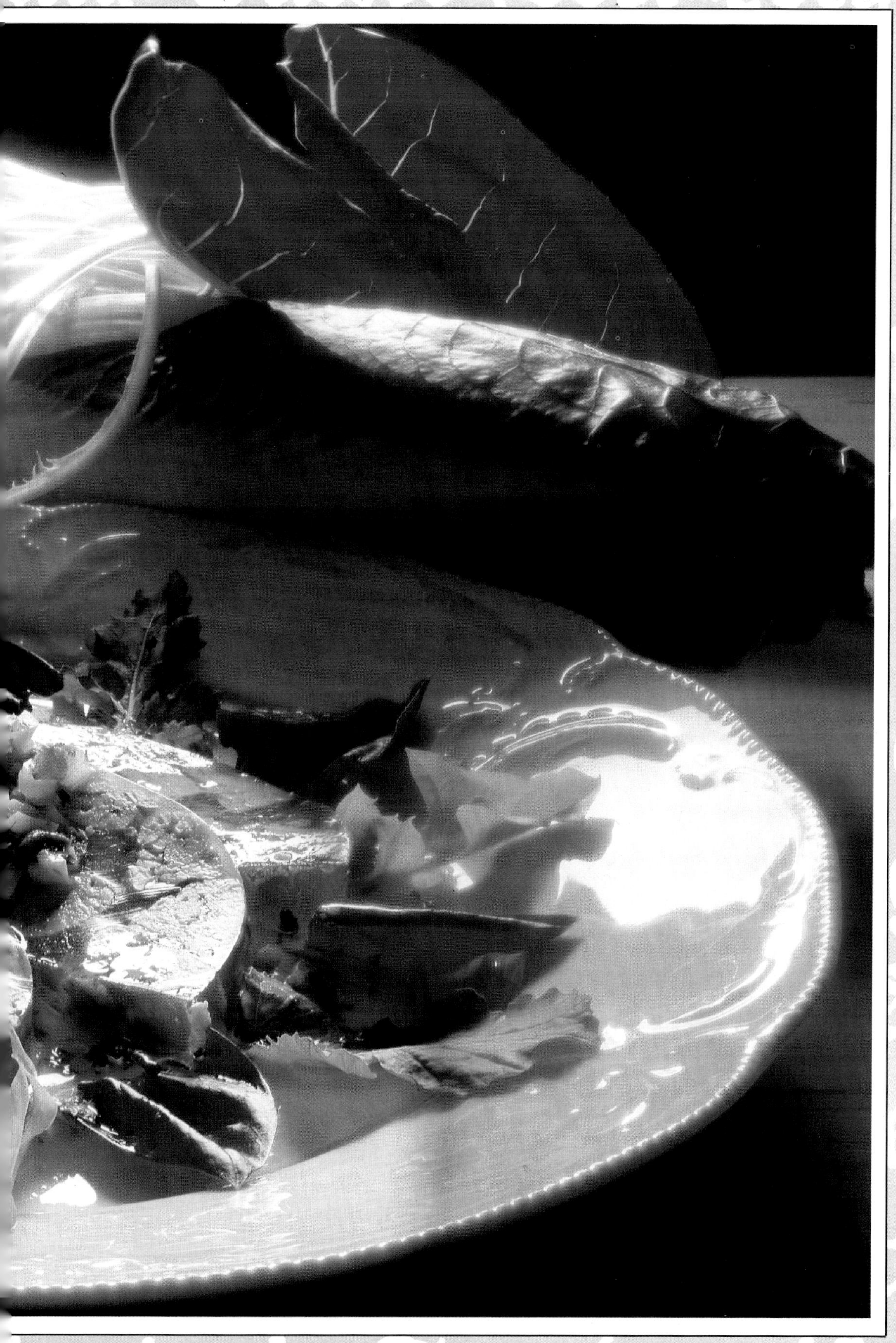

Heringsfilets mit Spinat-blättern auf Roter Bete

Zutaten

400 g gewässerte Matjes-Heringsfilets
150 g junger Spinat
1 Glas gekochte Rote Bete
1 Schalotte
Senfdressing, Seite 10
1 Bd. Schnittlauch

Zubereitung

Den Spinat verlesen, waschen und gut abtropfen lassen.
In der Zwischenzeit die Heringsfilets in dünne Streifen schneiden. Die Rote Bete abtropfen lassen und ebenfalls in Streifen schneiden.
Den Spinat als äußeren Rand auf dem Teller auslegen, dann das Heringsfilet als nächsten Rand sternförmig anrichten und zum Schluß die Rote Bete-Streifen in die Mitte des Tellers geben. Alle Zutaten mit dem Senfdressing übergießen und mit dem geschnittenen Schnittlauch garnieren.
Hierzu paßt sehr gut getoastetes Baguette mit zerdrücktem Knoblauch.

Das Klären von Brühen für Sülzen (Fleischsülzen)

Zutaten

1 l Grundbrühe, je nach Geschmack
(Fleischbouillon, Wildbouillon, Geflügelfond)
130 g mageres Fleisch, je nach Geschmack
100 g fein geschnittenes Wurzelgemüse
(Lauch, Zwiebeln, Karotten, Sellerie)
1 Lorbeerblatt
1 Zweig Thymian
5 Pfefferkörner, Salz
3 EL kaltes Wasser
3 Eiweiß
14 Blatt weiße Gelatine
5 EL Aromageber, z. B. Portwein, Madeira, Sherry

Zubereitung

Das Fleisch durch die feinste Scheibe des Fleischwolfs lassen und mit dem Gemüse, dem Lorbeerblatt, dem Thymian, den Pfefferkörnern, dem Salz, dem Wasser und dem Eiweiß vermengen. Mit einem Schneebesen die Masse schaumig schlagen und vorsichtig die Grundbrühe dazugießen. Nochmals kurz durchschlagen und langsam unter ständigem Rühren zum Kochen bringen, bis sich die Klärmasse an der Oberfläche absetzt. Jetzt nicht mehr umrühren und noch weitere 40 Minuten leicht ziehen lassen.
In der Zwischenzeit die Gelatine in kaltem Wasser einweichen. Die Brühe etwas erkalten lassen und vorsichtig durch ein Tuch passieren. Die Gelatine ausdrücken, zu der geklärten Brühe geben und mit dem Aromageber nochmals kurz erhitzen.
Für die Weiterverarbeitung zu Sülzen muß der Aspik fast ausgekühlt, jedoch noch zähflüssig sein.

◁ Kalbsbriessülze mit Wachteleiern, Rezept S. 27

Fischaspik

Zutaten

1 l Fischfond, je nach Geschmack
3 Eiweiß
3 EL kaltes Wasser
130 g Fischfilet
100 g weißes Wurzelgemüse
(Staudensellerie, das Helle vom Lauch)
1 Lorbeerblatt
3 Pfefferkörner
2 Dillstengel
15 Blatt Gelatine
5 EL trockener, herber Weißwein

Zubereitung

Der Fischaspik wird wie der Fleischaspik hergestellt.
Auch hier nimmt man die gewünschten Grundzutaten, z. B. für eine Aalsülze sollte man die Fischbrühe mit vorwiegend Aalgräten herstellen.
Die Fischklärmasse jedoch nur 20 Minuten köcheln lassen und dann sehr vorsichtig durch ein Tuch passieren.

Boskop-Gelee

Zutaten

1/2 l Gemüsebrühe
2 Boskopäpfel
6 Blatt Gelatine
Saft einer halben Zitrone
1 EL Calvados

Zubereitung

Die Boskopäpfel schälen, entkernen, würfeln und mit der Gemüsebrühe 10 Minuten köcheln lassen. Die eingeweichte Gelatine zugeben, den Zitronensaft und den Calvados unterrühren und erkalten lassen. Je nach Bedarf noch etwas Zucker einstreuen.
Dieses Gelee paßt sehr gut zu Kalbfleisch, zu Hühner-, Enten- oder Gänseleber.

Sektgelee

Zutaten

1/2 l Brühe (Geflügel oder Fisch)
7 Blatt Gelatine
3 EL Sekt
Saft einer halben Zitrone
1/2 Bd. Estragon

Zubereitung

Die Brühe aufkochen und mit der eingeweichten Gelatine vermengen.
Kurz vor dem Auskühlen den Sekt, den Zitronensaft und die einzelnen Estragonblätter einrühren.
Dieses Gelee sollte man nur zu hellen Speisen reichen, wie z. B. Fisch oder Geflügel.

Donauwaller in Riesling

Zutaten

500 g Wallerfilet
0,7 l Fischaspik, Seite 23
0,2 l Riesling
2 Blatt Gelatine
2 Tomaten
50 g Sauerampferblätter
Salz, Pfeffer
kleine Förmchen

Zubereitung

Das Wallerfilet von den Gräten befreien und in dünne Streifen schneiden. Den Fischaspik mit dem Riesling erwärmen, die eingeweichte Gelatine zugeben und darin die Wallerstreifen vorsichtig garen.
Die Tomaten einritzen, mit heißem Wasser überbrühen, schälen und fein würfeln. Die Sauerampferblätter in feine Streifen schneiden und mit den Tomaten zu dem Waller geben. Mit Salz und Pfeffer abschmecken und in Förmchen auskühlen lassen. Zum Anrichten auf Teller stürzen.

Aalsülze mit Äpfeln

Zutaten

1 kleiner Aal
1/2 l Fischbouillon
1/4 l Weißwein
1 kleine Stange Lauch
1 Karotte
1 Lorbeerblatt
300 g frischer Blattspinat
Salz, Pfeffer
14 Blatt Gelatine
Saft einer Zitrone
1 säuerlicher Apfel

Zubereitung

Den Aal von Ihrem Fischhändler von der Haut und den Gräten befreien lassen.
Die Fischbouillon mit dem Weißwein, der Lauchstange, der Karotte, dem Lorbeerblatt zum Kochen bringen und ca. 15 Minuten leicht köcheln lassen. Die Brühe in einen Kochtopf abpassieren und das fein geschnittene Aalfleisch dazugeben. Der Aal sollte nicht mehr kochen, sondern nur leicht ziehen. Mit Salz und Pfeffer würzen.
Den Blattspinat waschen, entstielen und in kochendem Salzwasser kurz blanchieren. Sofort in kaltem Wasser abschrecken und gut abtropfen lassen. Den Rand von vorbereiteten Förmchen damit auskleiden. Die eingeweichte Gelatine und den Saft einer halben Zitrone unter die Aalstücke mischen und die Masse in die Förmchen gießen. Mit dem restlichen Blattspinat abdecken und die Aalsülze im Kühlschrank mindestens 2 Stunden gut durchkühlen lassen.
Den Apfel schälen, in feine Scheiben schneiden und mit dem Rest des Zitronensaftes kurz erhitzen. Zu der ausgekühlten und gestürzten Aalsülze reichen. Hierzu paßt sehr gut eine kalte Estragonsauce (Suppen und Saucen, Seite 38).

◁ Aalsülze mit Äpfeln, Rezept S. 26

Kalbsbriessülze mit Wachteleiern

Zutaten

500 g Kalbsbries
1 kleine Zwiebel
1 Lorbeerblatt
3 Nelken
Salz, Pfeffer
13 Blatt Gelatine
Souffléförmchen
1 l geklärte Fleischbouillon
1 Tomate
1 kleine Zwiebel
1 Essiggürkchen
1 EL Kapern
1 Bd. Petersilie
50 g Kerbel
2 EL Rotweinessig
3 EL Öl
1 TL Senf
etwas Wasser
Salz, Pfeffer
8 Wachteleier

Zubereitung

Das Kalbsbries über Nacht in kaltes Wasser legen und grob von den Häutchen und Sehnen befreien.
Die kleine Zwiebel schälen, halbieren und das Bries mit dem Lorbeerblatt, den Nelken und etwas Salz bißfest garen. Abkühlen lassen und vorsichtig auseinanderzupfen und jetzt endgültig von allen Sehnen und Häutchen befreien.
Die Gelatine in kaltem Wasser einweichen, ausdrücken und mit der geklärten Fleischbouillon aufkochen lassen. Mit den Kalbsbriesröschen vermengen, eventuell mit Salz und Pfeffer würzen und vorsichtig in Förmchen füllen und auskühlen lassen.
In der Zwischenzeit die Tomate, die Zwiebel und die Essiggurke fein würfeln. Die Kapern zerdrücken, die Petersilie und den Kerbel fein wiegen. Alle Zutaten zu einer Sauce verrühren und mit Salz und Pfeffer abschmecken.
Die Kalbsbriessülze mit der Sauce und den wachsweich gekochten Wachteleiern auf Tellern anrichten und sofort servieren.

Spanferkelsülze mit feinen Gürkchen

Zutaten

500 g gebratener Spanferkelrücken
150 g kleine eingelegte Gurken
1 l geklärte Fleischbouillon
1 Bd. Schnittlauch
14 Blatt Gelatine
1 EL Kräutersenf
grob geschroteter Pfeffer
eventuell Salz

Zubereitung

Den gebratenen Spanferkelrücken kalt in gröbere Würfel schneiden und mit den in Streifen geschnittenen Gürkchen vermengen. Den Schnittlauch in feine Ringe schneiden. Die geklärte Fleischbouillon mit der eingeweichten Gelatine erhitzen, den Senf unterrühren und mit den Schnittlauchröllchen und dem grob geschroteten Pfeffer eventuell auch Salz abschmecken und etwas abkühlen lassen.
Wenn die Sülze anzieht, die Fleischwürfel daruntermengen und die Masse in eine Kastenform füllen.
Im Kühlschrank mindestens zwei Stunden gut durchkühlen lassen.
Diese Sülze ist ein ideales Sommeressen und wird mit kross gebratenen Kartoffelscheiben serviert.

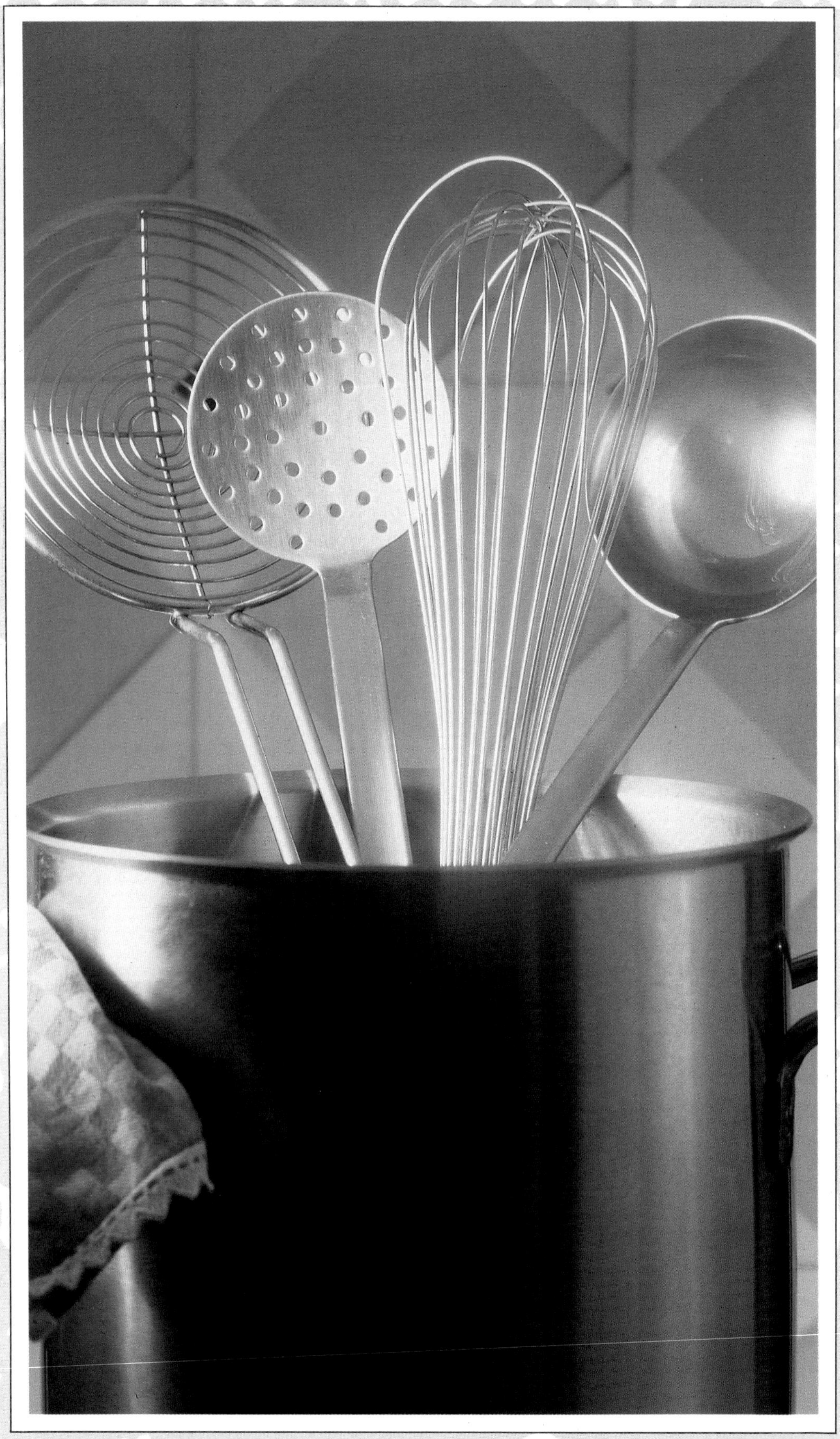

Suppen & Saucen

An der Suppe erkennt man den Meister – und an der Sauce auch. Wer hier mit zu viel Wasser und Mehl und fertiger Suppenwürze zu Werke geht, muß einfach noch dazulernen. Vorbei sind glücklicherweise die Zeiten, in denen eine Suppe, in der »der Löffel steht«, den Mangel an hochwertigeren Nahrungsmitteln überdecken mußte.

Heute ist frisches Gemüse in großer Auswahl, unabhängig von der Jahreszeit, überall zu haben. Zum Verfeinern stehen Sahne, Crème fraîche, Sherry oder frische Kräuter immer zur Verfügung. Und überhaupt ist es ja nicht Aufgabe der Suppe zu sättigen, sondern Gaumen und Magen erwartungsvoll einzustimmen auf alles Köstliche, das noch folgt.

Basis einer guten Suppe ist die klassische »Grundsuppe«, auch Fond genannt. Sie ist leicht herzustellen, am besten gleich in größerer Menge, denn man kann sie gut im Kühlschrank aufbewahren oder sogar einfrieren. Wenn dann der Appetit wieder einmal nach einem feinen Süppchen steht, haben Sie den Fond dazu schon parat.

Auch die Sauce braucht eine solide Basis, wenn sie köstlich geraten soll. Auch hier läßt sich eine Grundsauce zubereiten (Jus), aus der man dann alle Varianten zum Thema weiterentwickeln kann.

Unser Tip: Bereiten Sie die Sauce etwas weniger schwer und nehmen Sie dafür lieber ein Löffelchen mehr! Die Sauce ist an einem guten Essen – fast – das Beste. Und ein guter Saucenkoch hat Renommé unter den Köchen.

Fischbrühe

Zutaten

1 kg Fischgräten, Haut, Köpfe
2 Stangen Lauch
$^1/_2$ Sellerieknolle
2–3 Petersilienwurzeln
3 Lorbeerblätter
10 Pfefferkörner
1 kleiner Bd. Dill
1,75 l Wasser
0,3 l Weißwein

Zubereitung

Die Fischgräten unter fließendem Wasser reinigen. Anschließend mit den kleingeschnittenen Gemüsen und Gewürzen in einem größeren Kochtopf langsam aufkochen und dann 50 Minuten köcheln lassen. Durch den höheren Eiweißgehalt der verschiedenen Fische kann die Brühe leicht milchig werden. Dies sagt jedoch nichts über den Geschmack aus. Die Fischbrühe vorsichtig abpassieren.

Einfache Bouillon

Zutaten

1 kg Rinderknochen
3 kleine Karotten
2 Stangen Lauch
$^1/_2$ Sellerieknolle
2 Knoblauchzehen
10 Pfefferkörner
2 Lorbeerblätter
2 mittelgroße Zwiebeln
Salz nach Geschmack

Zubereitung

Die Rinderknochen vom Metzger kleinhacken lassen und unter fließendem kalten Wasser reinigen.

In einen großen Kochtopf geben und mit kaltem Wasser bedecken. Alle anderen Zutaten kleinwürfeln, waschen und mit den Gewürzen ebenfalls dazugeben. Die Zwiebeln mit der Schale quer halbieren und mit der Schnittfläche nach unten in einer Pfanne schwarz anbraten. Anschließend zur Brühe geben. Die entstandene Kohle der Zwiebel filtert die Trübstoffe aus der Bouillon und färbt sie goldbraun. Die Brühe jetzt ca. 1–2 Stunden köcheln lassen, mit Salz abschmecken und abpassieren.

Geflügelbrühe

Zutaten

1 kg Geflügelknochen
2 Stangen Lauch
$^1/_2$ Sellerieknolle
2 Karotten
5 Pfefferkörner
1 Lorbeerblatt
4 Korianderkörner, weiß
0,3 l Weißwein
1,7 l Wasser
Salz nach Geschmack

Zubereitung

Die Geflügelknochen und evtl. Häutchen fein zerkleinern und unter fließendem Wasser säubern. Mit den anderen Zutaten und den Gewürzen, dem Wasser und Wein in einem großen Kochtopf einmal aufkochen lassen und hinterher noch ca. 90 Minuten köcheln lassen. Die fertige Geflügelbrühe vorsichtig abpassieren.

Wildbouillon

Zutaten

1 kg Knochen vom Reh, Wildschwein,
Fasan etc.
3 Karotten
1/2 Sellerieknolle
2 Stangen Lauch
4 Zwiebeln
10 Pfefferkörner
2 Lorbeerblätter
5 Wacholderbeeren
0,3 l Rotwein
etwas Öl zum Anbraten
Wasser

Zubereitung

Die Knochen so klein wie möglich teilen lassen. In einem größeren Kochtopf mit dem Öl anbraten, bis sie gleichmäßig gebräunt sind.
Das Gemüse kleinwürfeln und mit den Gewürzen zu den Knochen geben. Zum Schluß mit dem Rotwein und dem Wasser ablöschen.
Die Brühe nach Geschmack salzen und ca. 4 Stunden köcheln lassen, anschließend abpassieren.

Gartenkressecreme

Zutaten

0,6 l Geflügelbrühe
100 g Sahne
0,1 l Weißwein
200 g frische Gartenkresse
3 Eigelb
Salz, Pfeffer aus der Mühle

Zubereitung

Die Geflügelbrühe mit der Sahne und dem Weißwein aufkochen und zusammen mit der Gartenkresse im Mixer fein pürieren. Die Suppe wieder in den Kochtopf geben und mit einem Schneebesen die Eigelbe vorsichtig unterheben. Unter ständigem Rühren sollte die Suppe 5 Minuten ziehen, bis sie eine cremige Konsistenz erreicht hat. Die Suppe darf jetzt nicht mehr kochen, da sonst das Eigelb ausflockt. Mit Salz und Pfeffer aus der Mühle abschmecken und mit etwas Gartenkresse garnieren.

Forellensuppe mit Dillcroutons

Zutaten

200 g Crème fraîche
100 g süße Sahne
0,7 l Fischbrühe
2 Forellenfilets (ca. 200 g)
Pfeffer aus der Mühle
4 Scheiben Baguettebrot
1 Bd. frischer Dill, 20 g Butter

Zubereitung

Diese Suppe läßt sich sehr schnell zubereiten und schmeckt trotzdem außergewöhnlich.
Die Crème fraîche mit der Sahne und der Fischbrühe in einen Kochtopf geben, aufkochen und solange köcheln lassen, bis eine cremige Suppe entsteht. Die Forellenfilets von den Gräten und der Haut befreien, kleinschneiden und kurz mit der Cremesuppe aufkochen. In der Zwischenzeit die Weißbrotscheiben würfeln und mit dem feingeschnittenen Dill in einer Pfanne mit etwas Butter goldgelb rösten.
Jetzt die Suppe im Mixer pürieren, auf 4 Teller verteilen und mit den Croutons garnieren.

wiebel fein gewiegt, ein m

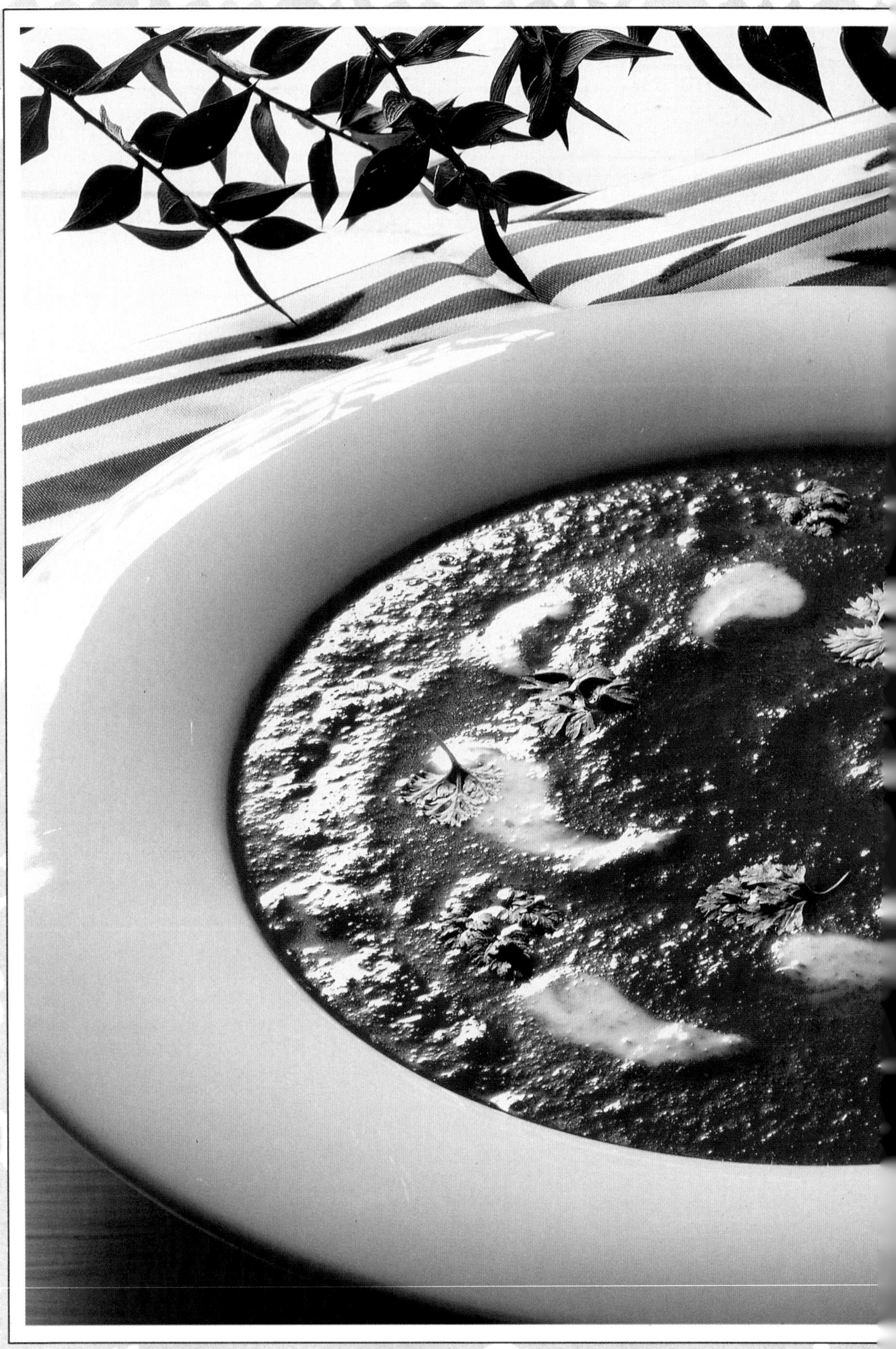

h ausbrate. In zwei

Rote-Bete-Suppe mit Kerbelflöckchen

Zutaten

350 g Rote Bete
0,5 l Fleischbouillon, Kümmel
Salz, Pfeffer aus der Mühle
0,2 l süße Sahne
80 g Kerbel
0,1 l saure Sahne

Zubereitung

Die Rote Bete schälen, fein würfeln und mit der Fleischbouillon, etwas Kümmel, Salz und Pfeffer aus der Mühle weichdünsten.
In einem Mixer fein pürieren und nochmals kurz aufkochen lassen. Die Sahne zugeben, so daß eine cremige Suppe entsteht. Den gewaschenen und fein gehackten Kerbel mit der sauren Sahne verrühren und auf die angerichtete Suppe verteilen. Die Suppe kann auch mit Kerbelblättchen dekoriert werden.

Sauerkrautsuppe mit Speck

Zutaten

1 kleiner Apfel (Boskop)
250 g Sauerkraut, gekocht
200 g geräucherter Schweinebauch
0,1 l Sahne
0,6 l Fleischbouillon
1 Bd. Petersilie

Zubereitung

Diese Suppe ist in wenigen Minuten zubereitet. Den Boskop schälen, fein raspeln und mit dem Sauerkraut in einem Topf erhitzen. Den geräucherten Schweinebauch in kleine Würfel schneiden, zu dem Sauerkraut geben und mit der Sahne und der Fleischbouillon ablöschen. Die Suppe ca. 15 Minuten köcheln lassen, mit der gehackten Petersilie bestreuen und servieren.
Hierzu schmeckt ein dunkles Bauernbrot.

Selleriecreme mit Graubrotwürfeln

Zutaten

1 Sellerieknolle
1 Zwiebel
0,7 l Fleischbouillon
0,2 l Sahne
Salz, Pfeffer aus der Mühle
etwas Cayenne-Pfeffer
4 Scheiben Graubrot
1 Zehe Knoblauch
2 EL Butter

Zubereitung

Die Sellerieknolle schälen und in kleine Würfel schneiden. Die Zwiebel ebenfalls schälen, würfeln und mit einem Eßlöffel Butter in einem Kochtopf anschwitzen. Die Selleriewürfel zugeben, mit der Fleischbouillon und der Sahne auffüllen und leicht köcheln lassen.
In der Zwischenzeit das Graubrot in kleine Rauten schneiden und mit der Knoblauchzehe in der Butter rösten.
Die Brühe nach ca. 25 Minuten im Mixer fein pürieren, abschmecken und mit den gerösteten Graubrotwürfeln anrichten.

◁ Rote-Bete-Suppe mit Kerbelflöckchen, Rezept siehe oben

Rote Linsensuppe mit Flußkrebsen

Zutaten

1 mittelgroße Tomate
2 kleine Karotten
1 Schalotte
180 g rote Linsen
0,2 l trockener Weißwein
1 l Fischbrühe
20 g Butter
Salz, Pfeffer aus der Mühle
frischer Kerbel
12 Stück Flußkrebse, gekocht und ausgelöst

Zubereitung

Die Tomate kurz mit heißem Wasser überbrühen, schälen und ebenso wie die Karotten und die Schalotte sehr klein würfeln. In einem Kochtopf etwas Butter erhitzen und das Gemüse mit den Linsen darin andünsten.

Mit dem Weißwein und der Fischbrühe ablöschen und 30 Minuten köcheln lassen. Die Suppe mit einem Pürierstab fein zerkleinern und mit dem Salz, Pfeffer aus der Mühle und dem gehackten Kerbel abschmecken.

Zum Schluß die Flußkrebse in die Suppe geben, kurz erhitzen und anrichten.

Kartoffelsuppe mit Steinpilzen

Zutaten

50 g getrocknete Steinpilze
300 g Kartoffeln
1 Karotte
1 Stange Lauch
1/2 Knolle Sellerie
2 EL Öl
0,6 l Fleischbouillon
1 Bd. Petersilie
Salz, Pfeffer aus der Mühle

Zubereitung

Die Steinpilze in lauwarmem Wasser einweichen. Die Kartoffeln und die Karotten schälen und zusammen mit dem gewaschenen Lauch und der Sellerieknolle in kleine Würfel schneiden.

Das Öl in einem Topf erhitzen und darin die Gemüse farblos anschwitzen. Mit der Fleischbouillon aufgießen und 35 Minuten köcheln lassen. Zum Schluß die eingeweichten Steinpilze und die gewaschene und kleingehackte Petersilie unterheben und mit den Gewürzen abschmecken.

wiebel fein gewiegt, ein w

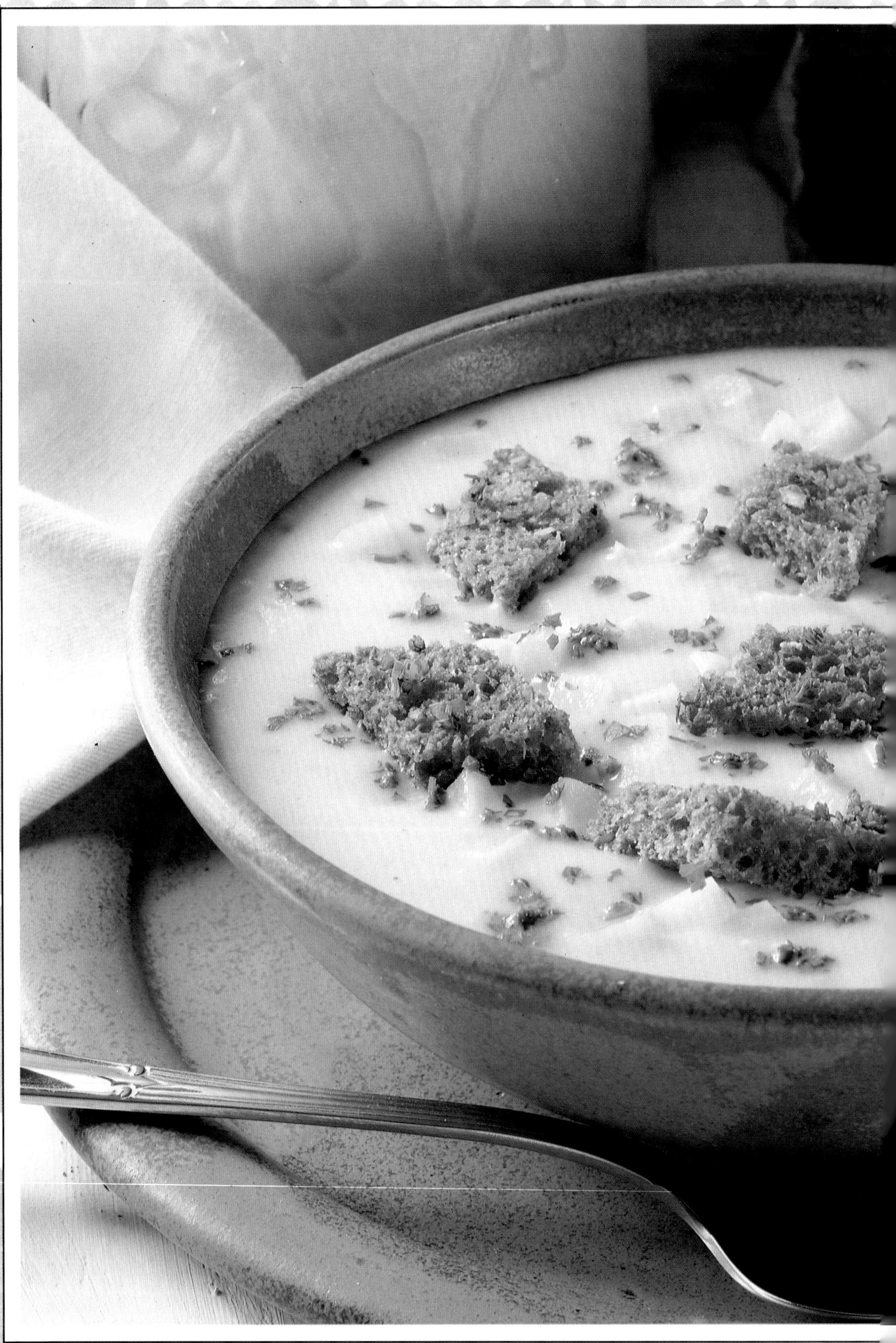

h ausbrate. In zwei

Au
ine
was
ein
die
am
gieß
un
e, n
all
sie

Flußkrebssauce

Zutaten

200 g Flußkrebse
etwas Butter
40 g Tomatenmark
2 cl Weinbrand
0,1 l Weißwein
0,4 l Fischgrundsauce
1 Msp. Cayenne-Pfeffer
Salz, Pfeffer aus der Mühle

Zubereitung

Die Flußkrebse in kochendem Wasser kurz blanchieren und kalt stellen. Die Krebsschwänze ausbrechen und für Ragouts oder Salate beiseite legen. Die Krebsschalen grob hacken und mit der Butter in einem hohen Kochtopf scharf anbraten. Das Tomatenmark unterrühren, sofort mit dem Weinbrand ablöschen und flambieren. Die Flamme mit dem Weißwein löschen, die Fischgrundsauce zugeben und zu einer geschmeidigen Sauce einkochen lassen. Durch ein Sieb passieren. Zum Schluß mit den Gewürzen abschmecken und servieren.

Fisch-Grundsauce

Zutaten

0,8 l Fischbouillon, Seite 30
0,1 l Weißwein
0,3 l süße Sahne
150 g Crème fraîche
1 TL Worcestershiresauce
1 Msp. Cayenne-Pfeffer
Salz, Pfeffer
etwas Zitronensaft

Zubereitung

Die Fischbouillon mit dem Weißwein aufkochen, Sahne und Crème fraîche zugeben und alles zu einer sämigen Sauce reduzieren. Die Gewürze und den Zitronensaft unter die Sauce rühren und je nach Bedarf erhitzen. Diese Grundsauce paßt zu allen Fischgerichten.

Kräuter-Fischsauce

Zutaten

0,4 l Fischgrundsauce
Kräuter nach Geschmack: Kerbel, Basilikum, Estragon, Sauerampfer
0,2 l süße Sahne

Zubereitung

Die Fischgrundsauce erhitzen, mit den gehackten Kräutern nach Ihrer Wahl würzen und kurz vor dem Anrichten mit geschlagener Sahne verfeinern. Sie ist passender Begleiter zu vielen edlen Fischen aber auch zu Nudelgerichten.

◁ Selleriecreme mit Graubrotwürfeln, Rezept S. 34

Bratensauce

Zutaten

*1,5 kg gemischte Knochen: Kalbs- und
Rindsknochen
1 Zehe Knoblauch
1 Stange Lauch
1 Zwiebel
1/2 Knolle Sellerie
100 g Tomatenmark
0,5 l Rotwein
Salz, Pfeffer, Lorbeerblatt, Petersilienstengel
Wasser zum Ablöschen*

Zubereitung

Diese Grundsauce ist eine gute Basis, aus der man
viele leckere Saucen zaubern kann. Die Sauce läßt
sich portionsweise einfrieren.
Die Knochen vom Metzger kleinhacken lassen und
in einem Bräter kräftig anbraten. Das kleingewürfelte
Gemüse zugeben und ebenfalls anbraten. Das Tomatenmark zugeben und nur kurz mitbraten lassen.
Sofort mit dem Rotwein ablöschen und solange kochen lassen, bis die Flüssigkeit verdampft ist. Jetzt
die Gewürze und gut 2 Liter Wasser unterrühren und
zu einer kräftigen Sauce einkochen lassen. Die Bratensauce abpassieren und erkalten lassen.

Knoblauch-Kräutersauce

Zutaten

*1 kleine Zwiebel
2 Knoblauchzehen
0,3 l Bratensauce, Seite 39
1 Bd. gemischte Kräuter: Thymian, Oregano,
Petersilie
50 g Butter*

Zubereitung

Die Zwiebel und die Knoblauchzehen schälen, fein
würfeln und mit etwas Butter anschwitzen. Die Bratensauce, die fein gehackten Kräuter zugeben und
alles zu einer sämigen Sauce reduzieren. Die eis-
kalte Butter in kleine Flöckchen teilen, mit dem
Schneebesen unter die Sauce rühren, bis sie schön
glänzt.

Rotweinsauce
mit Rindermark

Zutaten

*500 g Markknochen
2 rote Zwiebeln
0,25 l Rotwein
0,3 l Bratensauce, Seite 39
2 EL Johannisbeergelee
1 EL Butter*

Zubereitung

Das Mark am Vortag aus den Knochen drücken und
über Nacht in kaltes Wasser legen.
Die Zwiebeln schälen, in Streifen schneiden und in
der Butter glasig braten. Mit dem Rotwein ablöschen, etwas einkochen lassen und mit der Bratensauce auffüllen. Zum Schluß das Johannisbeergelee
und das in Scheiben geschnittene Rindermark mit
erhitzen.
Die Markknochen kann man für die Fleischbouillon
verwenden.

wiebel fein gewiegt, ein m

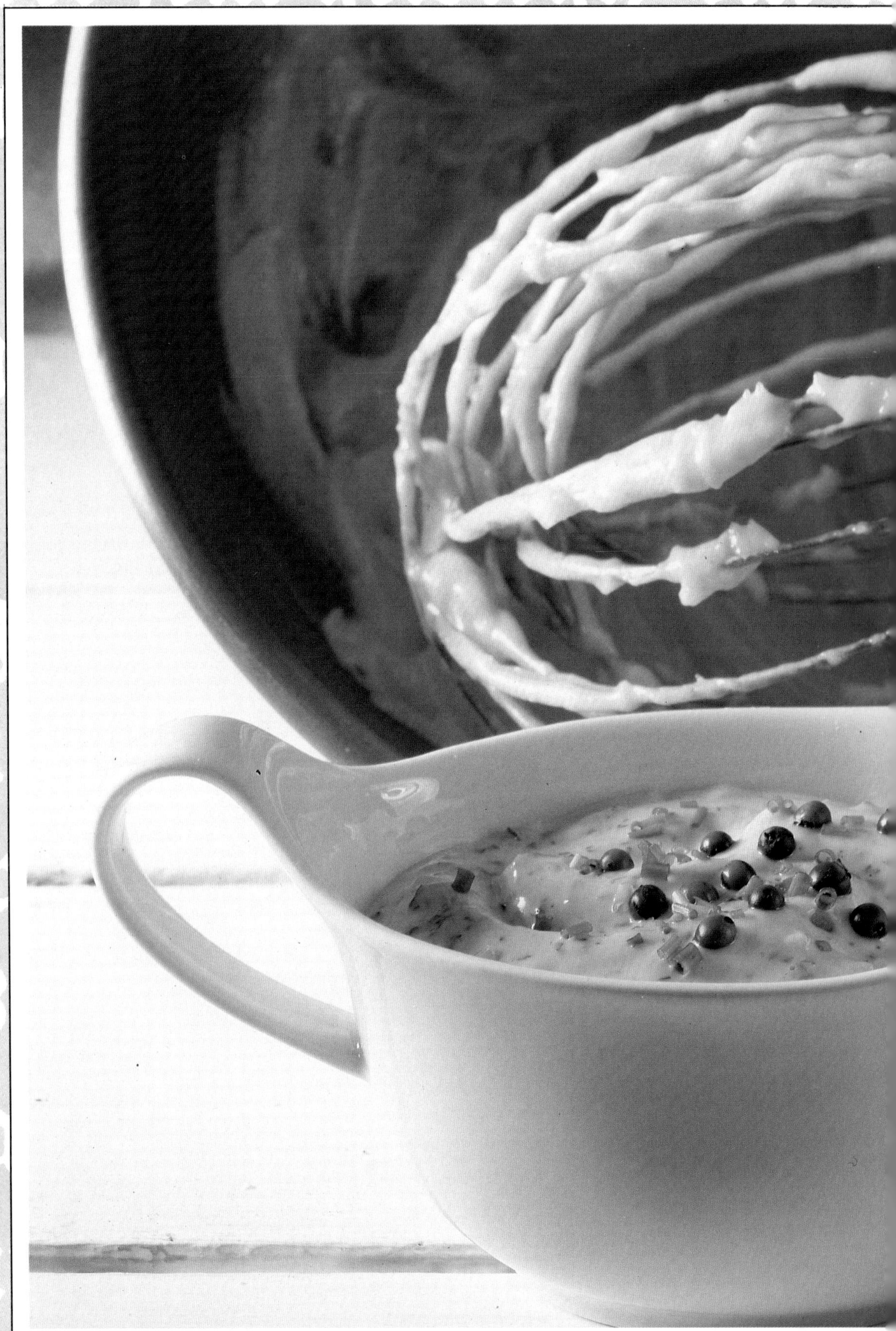

h ausbrate. In zwei

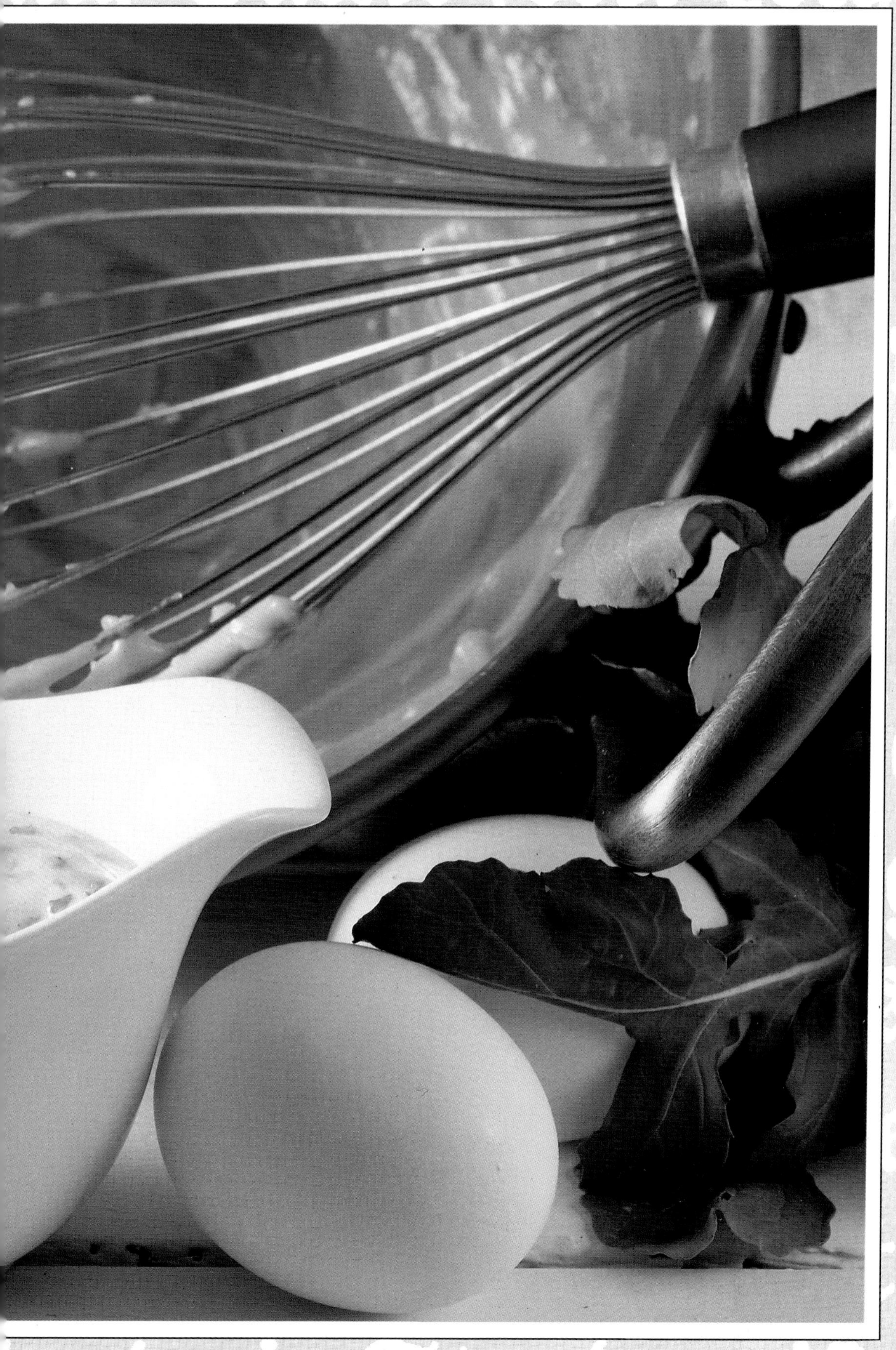

Gratinsauce

Zutaten

0,3 l Grundbrühe
2 Eigelb
0,2 l Sahne
Salz, Pfeffer
Kräuter nach Belieben

Zubereitung

Diese Sauce besteht immer aus der gewünschten Grundsauce, die sich je nach Gericht verändert. Möchte man z. B. Hühnerbrüstchen überbacken, so bedient man sich des Geflügelfonds.

Grundrezept:

Das Eigelb mit der Sahne vermengen und zu der Grundbrühe geben.
Die Sauce langsam erhitzen bis sie leicht dicklich wird. Mit den Gewürzen abschmecken und je nach Bedarf mit Kräutern verfeinern.

Kalte Wein-Butter-Sauce

Zutaten

150 g Butter
3 Eigelb
0,2 l trockener Weißwein
1 TL Worcestershiresauce
Salz
Saft einer halben Zitrone

Zubereitung

Die Butter in einem kleinen Töpfchen zerlassen. Die Eigelb mit dem Weißwein, etwas Salz und der Worcestershiresauce im Wasserbad bei geringer Hitze schaumig schlagen. Die Eiermasse sollte richtig zähflüssig sein. Die lauwarme Butter tröpfchenweise unterrühren und mit dem Zitronensaft abschmecken. Diese Weinsauce serviert man am besten lauwarm.
Die Sauce kann man auch luftiger zubereiten, indem man die Butter wegläßt, dafür die Eiermasse länger schlägt, noch 150 Gramm Crème fraîche unterrührt und sofort kühl stellt.
Auch läßt sich diese Sauce mit allen Kräutern der Jahreszeit verfeinern.

◁ Knoblauchcreme mit grünem Pfeffer, Rezept S. 43

Zitronensauce mit Dill

Zutaten

1 Bd. Dill
0,3 l Sahne
Saft einer Zitrone
Salz, Pfeffer aus der Mühle

Zubereitung

Diese sehr erfrischende Sauce eignet sich nicht nur als Salatsauce, sondern schmeckt auch gut zu Sülzen und kalten Fleischscheiben.
Den Dill fein schneiden und mit den restlichen Zutaten zu einer Sauce verrühren.
Durch den Zitronensaft wird die Sahne dickflüssig, gerinnt aber nicht.

Knoblauchcreme mit grünem Pfeffer

Zutaten

2 Eigelb
1 TL Senf
1/2 TL Worcestershiresauce
0,3 l Öl
75 g grüner Pfeffer (frisch oder aus dem Glas)
1/2 TL Essig
2 EL Wasser
Salz

Zubereitung

Die Eigelb mit dem Senf, der Worcestershiresauce vermengen und langsam das Öl unterrühren, bis eine geschmeidige Mayonnaise entsteht.
Die Hälfte der Pfefferkörner zerdrücken und mit den restlichen Körnern in die Sauce geben. Die dickflüssige Mayonnaise mit Essig und Wasser zu einer sämigen Creme verrühren. Vorsichtig mit Salz abschmecken.

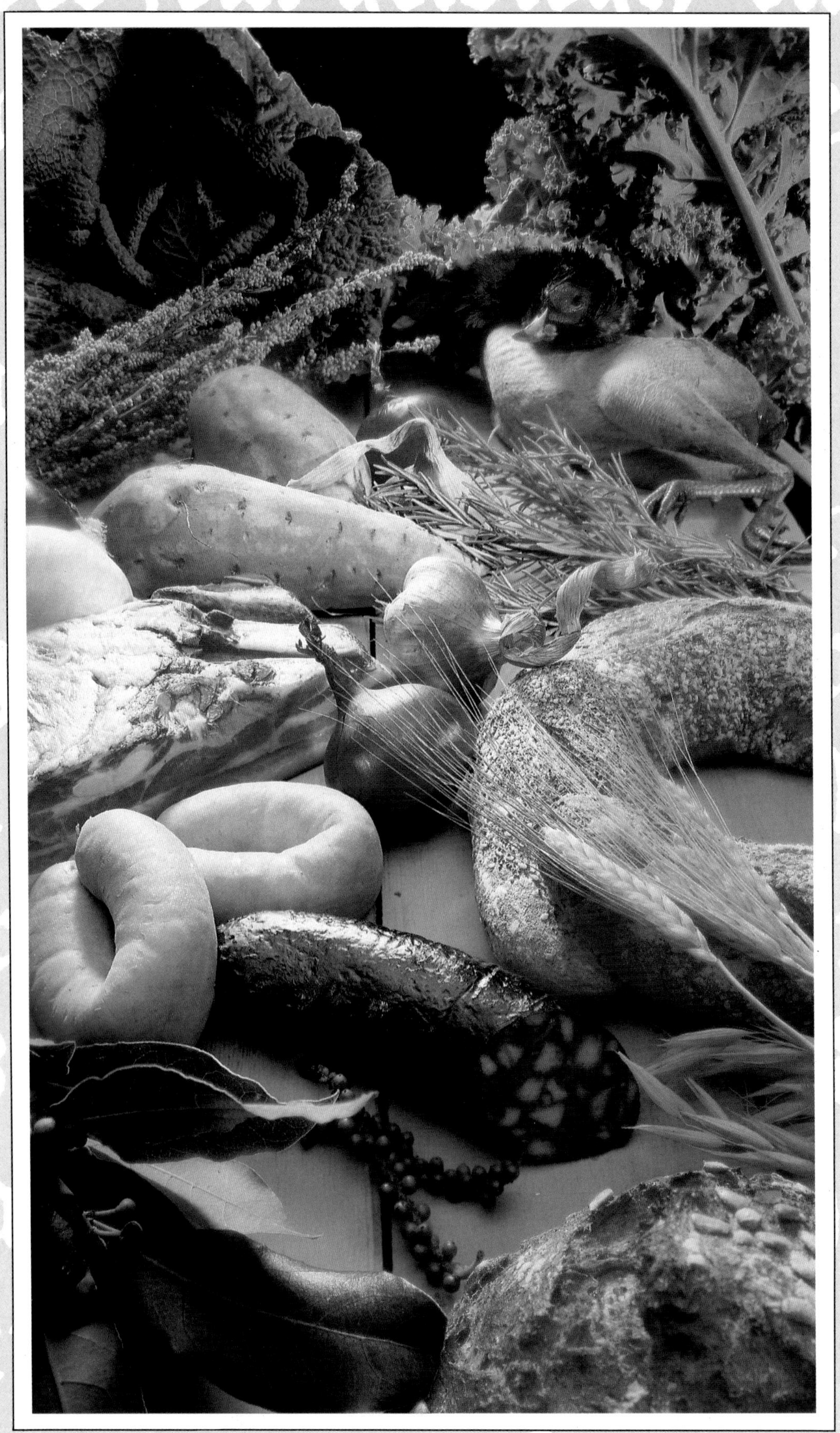

Pasteten, Terrinen und die feine Wurstherstellung

Nur Mut! Auch diese schwierig scheinenden Spezialitäten der überlieferten Küche sind kein Zauberwerk. Nur Zeit brauchen Sie dazu und ein bißchen Geduld. Aber gerade die langen, grauen Wintermonate sind für so ein delikates Hobby bestens geeignet. Und zu Weihnachten erst! Wer freut sich nicht, wenn er eine selbstgemachte Delikatesse geschenkt bekommt.

Bei der Herstellung von Pasteten und Terrinen kann man immer seinen ureigenen Geschmack verwirklichen und Wurst pikant nach persönlichen Vorlieben würzen. Es ist immer ein spannender Moment, wenn man dann nach langer Herstellungszeit (keine Sorge; das Werk schreitet immer in Etappen voran!) die vollendete Köstlichkeit probieren darf.

Wenn's ein Geschenk werden soll, wären etwas Übung und Erfahrung angebracht. Wählen Sie dafür am besten ein Rezept, das Ihnen vorher schon einmal gut gelungen ist. Wir haben alle Rezepte ausprobiert. Die Zutaten, auch Wurstdärme, bekamen wir übrigens alle problemlos von unserem Metzger, der uns für unseren Fleiß und Einsatz sogar sehr lobte. Und mit großem Vergnügen erinnern wir uns alle daran, wie wir die erste Blutwurst selbst herstellten. Wie kleine Draculas standen wir in der Küche beieinander. Einer hielt den Wurstdarm mit beiden Händen fest, ein anderer rührte in der Schüssel, ein dritter füllte behutsam mit einem Löffel die Wurstmasse ein. Phantastisch!

Und wie sie erst geschmeckt hat! Bei selbstgemachter Wurst wissen Sie eben immer genau, was drin ist. Nur Gutes.

Pastetenteig

Zutaten

660 g Weizenmehl, sehr fein gemahlen
330 g Butter
10 g Salz
9–13 EL kaltes Wasser
2 Eier

Zubereitung

Das Mehl auf eine Arbeitsplatte sieben. Eine Mulde formen und die in Würfel geschnittene Butter und das Salz darauf verteilen. Zuerst das Wasser über die Butter gießen und anschließend die Eier zugeben. Vorsichtig und relativ zügig zu einem Teig verkneten. Sollte der Teig zu fest sein, also einreißen, einfach nur etwas Wasser untermengen.
Dieser Teig eignet sich als Mantel für viele Pasteten und für salzige Kuchenböden.
Den Teig vor der Weiterverarbeitung ca. 30 Minuten kühl stellen.

Blätterteig

Zutaten

1,2 kg Weizenmehl, Type 405
ca. 0,4 l Wasser
20 g Salz
1,2 kg Margarine

Dieser etwas aufwendige Teig läßt sich sehr gut weiterverarbeiten und eignet sich auch zum Einfrieren. Der Aufwand lohnt sich also.

Zubereitung

Das Mehl mit dem Wasser und dem Salz zu einem geschmeidigen Teig verkneten. Kreuzweise einritzen und etwas kühlen.
Die geschmeidige Margarine zu einer viereckigen Platte formen. Den Teig zum ersten Mal quadratisch ausrollen und die Margarine darin einschlagen und rechteckig ausrollen. Den Teig wiederum etwas kühlen und dabei ruhen lassen.
Beim zweiten Ausrollen wird der Teig zu einem Rechteck geformt und jeweils von den kurzen Seiten her zusammengeklappt. Wieder kühlen und ruhen lassen.
Diese Arbeitsgänge wiederholen sich viermal. Zum Schluß hat man einen viellagigen Blätterteig, der schnell weiterverarbeitet werden kann. Durch die Zugabe von sehr wenig Salz eignet er sich auch für die Kuchenherstellung.

Blätterteigkuchen mit Spinatfüllung

Zutaten

450 g Blätterteig, Seite 46
2 Knoblauchzehen
150 g Hackfleisch
1 Dose geschälte Tomaten
1 Msp. Cayenne-Pfeffer
Salz, Pfeffer
1 kg Spinat
100 g geriebener Emmentaler
1 Eigelb
Springform

Zubereitung

Von dem Blätterteig 1/3 abnehmen und für den Dekkel aufbewahren. Den restlichen Blätterteig auswellen und in eine Springform (ø 26 cm) einlegen.
Die Knoblauchzehen schälen, würfeln und in einer Pfanne mit dem Hackfleisch anbraten. Mit den geschälten Tomaten ablöschen, zu einer sämigen Masse einkochen lassen und mit den Gewürzen abschmecken. Den Spinat waschen, putzen und in kochendem Salzwasser kurz blanchieren. Im Eiswasser abschrecken, ausdrücken, kleinschneiden und zusammen mit dem Emmentaler unter die Fleisch-/Tomatenmasse mischen und nochmals abschmekken. In die Kuchenform füllen, mit einem Deckel aus dem ausgerollten restlichen Teig verschließen und ein ca. ein Zentimeter großes Loch in der Mitte einstechen. Das Eigelb mit einem Pinsel auf den Deckel streichen und den Kuchen im Backofen bei 220 °C in ca. 40 Minuten goldbraun backen lassen. Hat man noch etwas Blätterteig übrig, kann man kleine Ornamente ausstechen und damit den Deckel verzieren.

Warmer Bauernkuchen

Zutaten

400 g Pastetenteig, Seite 46
2 Zwiebeln
2 Zehen Knoblauch
100 g Rinderleber
1 Bd. Majoran
1 Bd. Petersilie
50 g Butter
500 g Rinderhack
3 EL Landwein
Salz, Pfeffer aus der Mühle
1 Msp. Koriander
2 Eier
Springform

Zubereitung

Den Pastetenteig nicht zu dünn ausrollen, eine Hälfte in eine mittelgroße, gefettete Springform (ø 26 cm) einlegen, die andere Hälfte in Folie einschlagen und kühl stellen.
In der Zwischenzeit die Zwiebeln und den Knoblauch schälen, fein würfeln, die Leber klein schneiden. Die Kräuter fein hacken. Die Butter erhitzen und darin Zwiebeln, Knoblauch, Rinderhack und Leber anbraten. Mit den Kräutern bestreuen und mit Rotwein ablöschen, mit den Gewürzen abschmecken. Die Masse erkalten lassen und dann die Eier unterrühren. In die Springform füllen. Aus dem übrigen Teig einen Deckel auflegen und in der Mitte ein ca. ein Zentimeter großes Loch ausstechen. Den Teig mit ein paar Tropfen Rotwein benetzen und im Backofen bei 200 °C in ca. 55 Minuten goldbraun backen lassen.

wiebel fein gewiegt, ein m

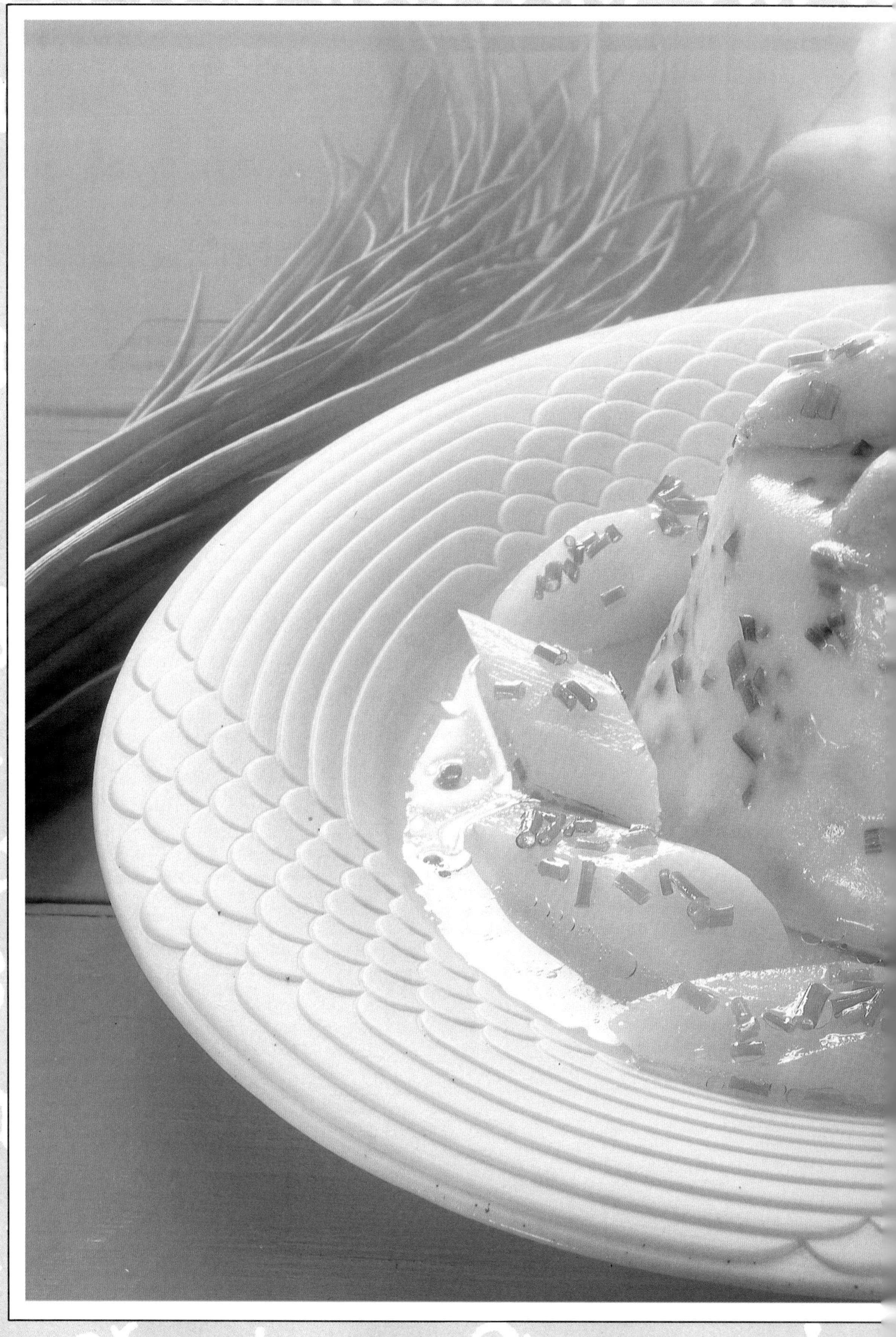

h ausbrate. In zwei

nia Butter (drei Loth [5

s drei Stunden ift h

Leberpralinen

Zutaten

300 g Hühnerleber
0,2 l süßer Wein (Madeira, Sauternes)
250 g Butter
Salz, Pfeffer
150 g Pistazien
Pralinenförmchen

Zubereitung

Die Lebern von den Häutchen und den Sehnen befreien. Den Wein mit der Butter erhitzen und die kleingeschnittenen Lebern darin kurz köcheln lassen. Sofort abkühlen lassen, im Mixer fein pürieren und durch ein Sieb streichen. Die Masse mit Salz und Pfeffer abschmecken und im Kühlschrank fest werden lassen.
Die Pistazien fein hacken und auf einem Tellerchen auslegen. Die ausgekühlte und festgewordene Lebermasse zu kleinen Kügelchen formen, in den Pistazien wenden und in die Pralinenförmchen füllen. Wieder kalt stellen.
Diese Pralinen eignen sich als kleine Zwischenmahlzeit oder als Appetithäppchen zu einem mehrgängigen Menü.

Knoblauch-Kräuterkuchen

Zutaten

300 g Kartoffeln
20 g Hefe
1/4 l Milch
3 Eier
1 TL Salz
1/2 TL Pfeffer
1 Bd. Petersilie
50 g Kerbel
2 Zehen Knoblauch
250 Grieben
Kastenform

Zubereitung

Die Kartoffeln garen, schälen und abkühlen lassen.
Das Mehl in eine Schüssel sieben, in der Mitte eine Vertiefung eindrücken, die Hefe hineinbröckeln und mit etwas lauwarmer Milch und wenig Mehl zu einem Vorteig verrühren. Den Teig 40 Minuten gehen lassen.
In der Zwischenzeit die Kartoffeln fein reiben, die Kräuter waschen und kleinhacken, die Knoblauchzehen schälen und zermusen. Alle Zutaten, auch die Grieben unter den Vorteig mischen, gut würzen und den Teig mit der Küchenmaschine kräftig schlagen. Eine Kastenform ausfetten und mit dem Teig füllen und weitere 35 Minuten gehen lassen.
Den Kuchen bei 210 °C im vorgeheizten Backofen in ca. 55 Minuten knusprig backen.
Mit einem Glas trockenen Weißwein ist dieser heiße Kuchen eine leckere Mahlzeit.

◁ Spargelterrine, Rezept S. 51

Gemüseterrine

Zutaten

500 g Spinat
1 Zehe Knoblauch
Salz, Pfeffer, Muskat
0,3 l Sahne
6 Eigelb
350 g Karotten
400 g Sellerieknolle
Pastetenform

Zubereitung

Den Spinat waschen, putzen und in kochendem Salzwasser kurz blanchieren. Sofort in kaltem Wasser abschrecken, ausdrücken, im Mixer fein pürieren, mit der geriebenen Knoblauchzehe, Salz, Pfeffer und Muskat abschmecken. Ein Drittel der Sahne und 2 Eigelb unterrühren. Die Masse sollte nicht zu flüssig sein.

Die Karotten und den Sellerie schälen und getrennt in Salzwasser weichdünsten. Im Mixer fein pürieren und Sahne und Eier zugeben. Mit den Gewürzen abschmecken. Die beiden Gemüsemassen abwechselnd in eine Pastetenform schichten, die Form in ein Wasserbad stellen, und im Backofen bei 130 °C in ca. 60 Minuten garen. Nach dem Abkühlen vorsichtig stürzen und zum Anrichten in dünne Scheiben schneiden.

Spargelterrine

Zutaten

500 g Spargel
3 EL Gelatine
Saft einer halben Zitrone
0,3 l Sahne
100 g gekochter Schinken
1 Bd. Schnittlauch
Salz, Zucker
Souffléförmchen

Zubereitung

Den Spargel schälen und in kochendem Salz- und Zuckerwasser weichkochen.

Ein paar Stangen zum Garnieren beiseite legen, den Rest mit etwas Spargelwasser im Mixer fein pürieren und erkalten lassen.

Das Gelatinepulver in 3–4 Eßlöffeln Spargelwasser einweichen, vorsichtig erhitzen und unter die Spargelmasse rühren. Mit Zitrone abschmecken. Wenn die Masse anzieht, die geschlagene Sahne unterheben. Den in feine Würfel geschnittenen Schinken sowie die Schnittlauchröllchen untermischen und das Spargelpüree in kleine Förmchen füllen. Im Kühlschrank drei Stunden kühlen lassen.

Auf Teller stürzen und mit den Spargelstangen garnieren.

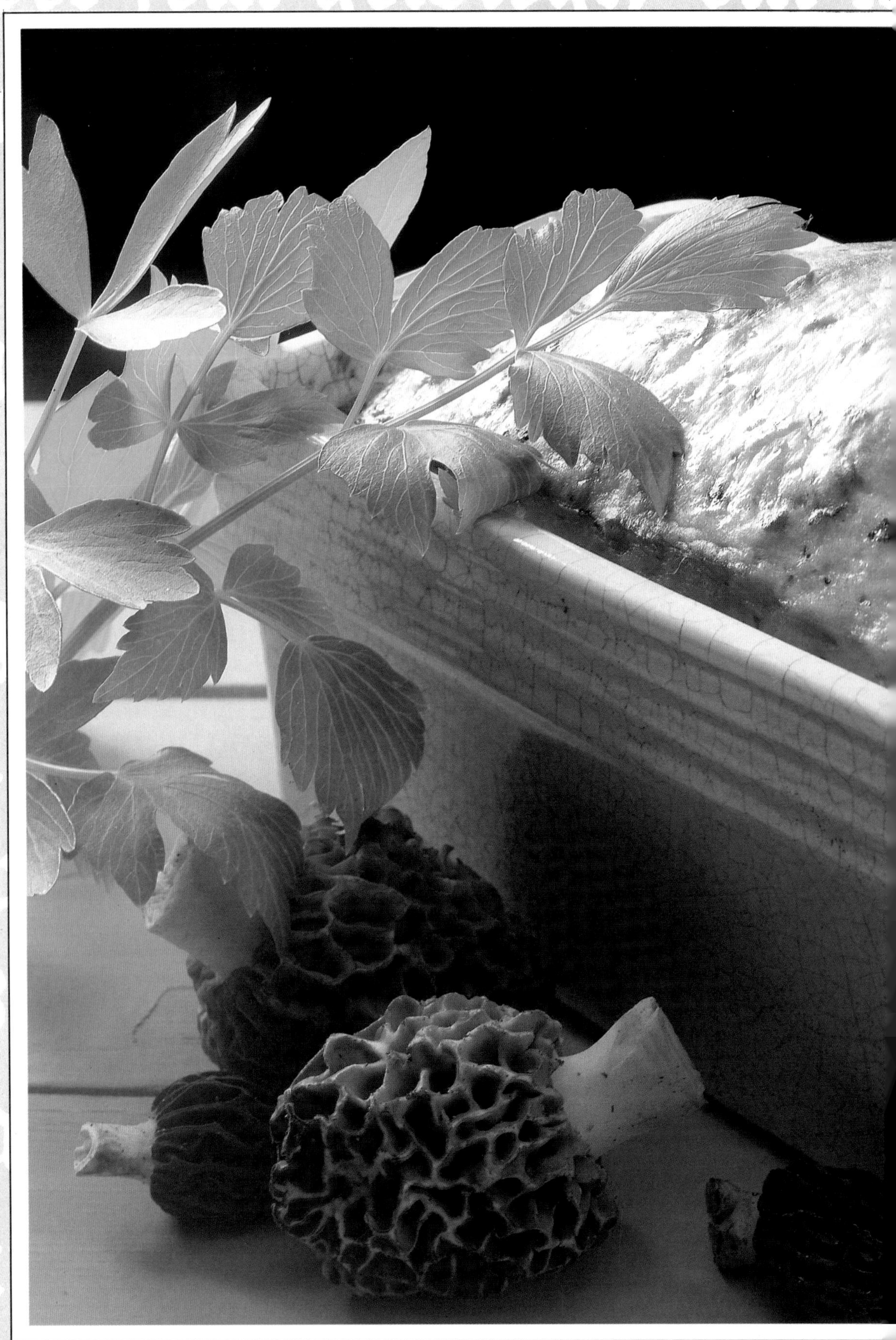

Morchelterrine

Zutaten

1 kleine Zwiebel
200 g frische Morcheln
2 EL Butter
2 EL Cognac
etwas Pfeffer
1/2 Bd. Liebstöckel
1/2 Bd. Majoran
750 g Kalbsbrät
Terrinenform

Zubereitung

Die Zwiebel schälen und sehr fein würfeln. Die Morcheln putzen, gründlich waschen und kleinschneiden. Die Butter in einer Pfanne erhitzen und darin die Zwiebel mit den Morcheln anbraten. Mit dem Cognac ablöschen, flambieren und sofort abkühlen. Eventuell mit Pfeffer abschmecken.
Die Kräuter waschen und mit den kalt gewordenen Morcheln unter das Kalbsbrät mischen. In eine Terrinenform füllen und bei 150 °C etwa 55–65 Minuten im Backofen vorsichtig garen.

Weinbergschnecken-Terrine

Zutaten

1 kleine Zwiebel
1 Knoblauchzehe
500 g Weinbergschnecken
50 g Butter
1 Bd. Estragon
3 EL Sherry
1 kg Kalbsbrät
Terrinenform

Zubereitung

Die Zwiebel und die Knoblauchzehe schälen und zusammen mit den Weinbergschnecken kleinschneiden. Die Butter in einer Pfanne erhitzen, die Schnecken, die Zwiebel, den Knoblauch und den gehackten Estragon zugeben und anbraten. Mit dem Sherry ablöschen, flambieren und sofort abkühlen lassen.
Mit dem Kalbsbrät mischen und eventuell noch etwas nachwürzen. In eine Terrinenform füllen und im Backofen bei 150 °C ca. 55–60 Minuten garen.

◁ Morchelterrine, Rezept siehe oben

Fasanenterrine mit Bohnen

Zutaten

1 großer Fasan
250 g schieres Kalbfleisch
100 grüner (frischer) Speck
50 g Kerbel
Saft einer Orange
Salz, Pfeffer
1 Msp. Koriander
2 Eier
0,2 l Sahne
150 g grüne Bohnen
Pastetenform

Zubereitung

Den Fasan häuten und die Knochen auslösen, das Fleisch in dünne Streifen schneiden. Das Kalbfleisch und den Speck ebenfalls in dünne Streifen schneiden und alles auf ein Blech legen. Mit gehacktem Kerbel, Orangensaft, Salz, Pfeffer und Koriander würzen und im Kühlschrank eine Stunde gut durchkühlen lassen.
Alle Zutaten zweimal durch die feine Scheibe des Fleischwolfs treiben und anschließend durch ein Sieb streichen. Die grünen Bohnen putzen, in Salzwasser bißfest garen, sofort abkühlen lassen und unter die Fleischmasse mischen. Eier und Sahne zugeben und alles zusammen gut vermischen. Nochmals nachwürzen und in eine Pastetenform einfüllen. Im Backofen bei 160 °C gut 60 Minuten garen.
Diese Pastete eignet sich auch zum kalten Verzehr.

Hausmacher Leberwurst

Zutaten

400 g Schweineschulter
250 g Schwarten
1 l Fleischbouillon
1 kg Schweineleber
500 g fetter Speck
1 EL frischer Majoran
Muskatnuß
Nelkenpulver
Salz, Pfeffer
1 Zwiebel
gewässerte Naturdärme oder Gläser mit Twist-Off-Verschluß

Zubereitung

Das Fleisch und die Schwarten in der Bouillon mit etwas Salz weichkochen, herausnehmen und sofort abkühlen lassen.
Die Leber in Streifen schneiden und zusammen mit dem gekochten Fleisch und dem Speck durch den Fleischwolf (mittlere Scheibe) treiben. Mit den Gewürzen kräftig abschmecken, mit der geschälten und fein gewürfelten Zwiebel vermengen und in die vorbereiteten Därme füllen. Die Masse kann ruhig etwas flüssig sein. Im 80 °C heißen Wasser ca. 30–40 Minuten sieden lassen.
Möchte man die Wurst in Gläser füllen, ist es empfehlenswert, wenn die Masse etwas trockener ist und sie mit einer Lage Schweineschmalz abgedeckt wird.

Hausgemachte Blutwurst

Zutaten

500 g Schweinefleisch (Backe und Schulter)
1,2 kg fetter Speck
0,2 l fette Brühe
0,2 l Sahne
Pfeffer, Salz
Nelkenpulver
Piment
1 l Schweineblut
gewässerte Naturdärme

Zubereitung

Das Schweinefleisch mit dem fetten Speck in der Brühe weichkochen und herausnehmen.

Das Fleisch in kleine Würfel schneiden und mit der Sahne und den Gewürzen vermengen. Ganz abkühlen lassen, mit dem Blut mischen und nochmals abschmecken. In die gewässerten Naturdärme füllen, mit einem Bindfaden oder einer dünnen Schnur verschließen und in 80 °C heißem Wasser 30–40 Minuten sieden lassen.

Das frische Blut ebenso wie die Därme bekommen Sie nach Vorbestellung bei Ihrem Metzger.

Gebratene Blutwurst auf Süßkartoffeln

Zutaten

4 große Süßkartoffeln
1 TL Kümmel
2 Zwiebeln
3 Blutwürste
Olivenöl zum Braten
Salz

Zubereitung

Die Süßkartoffeln in Salzwasser mit dem Kümmel nicht zu weich kochen, etwas abkühlen lassen und schälen.

Die Zwiebeln schälen und in feine Ringe schneiden. Von den Blutwürsten die Haut abziehen, Scheiben schneiden und in einer Pfanne von beiden Seiten rösten. Die Kartoffeln ebenfalls in Scheiben schneiden, kräftig anbraten und erst zum Schluß salzen. Die Zwiebeln anrösten und zu den gebratenen Kartoffeln mit den Blutwurstscheiben reichen.

◁ Gebratene Blutwurst mit Süßkartoffeln, Rezept S. 58

Speckwurst mit Kräutern

Zutaten

*1 kg durchwachsener Speck
400 g Schweineschwarte
600 g mageres Fleisch
2 l Schweineblut (beim Metzger
vorbestellen)
1 Bd. Majoran
1 Bd. Thymian
Pimentpulver
Salz, schwarzer Pfeffer
15–20 Naturdärme, mittlere Größe*

Zubereitung

Den Speck, die Schwarten und das Fleisch in zwei Liter Wasser weichkochen.
Die Schwarten durch die feine Scheibe des Fleischwolfs drehen, den Speck und das Fleisch grob würfeln. Etwas abkühlen lassen und mit dem Blut mischen. Die Kräuter waschen, abtropfen lassen, sehr fein hacken und zusammen mit den Gewürzen unter die Blutmasse rühren. In nicht zu große Därme locker einfüllen, abdrehen und in Salzwasser bei 80 °C ca. 50–60 Minuten garen lassen. Das Wasser darf nicht heißer sein, da sonst die Würste platzen können.

Klassische Mettwurst

Zutaten

*450 g fettes Brust- oder Bauchfleisch
1,5 kg magere Schweinekoteletts
75 g Salz
1 EL Pfeffer
1 Msp. Muskat
1 Msp. Nelkenpulver
2 EL Senfkörner
1/2 TL Koriander
1 TL Zucker
zum Räuchern geeignete Därme*

Bei dieser klassischen Wurstherstellung ist es ganz besonders wichtig, nur absolut frisches Fleisch zu verarbeiten. Diese Würste eignen sich zum Räuchern, zum roh Verzehren, aber auch zum Einfrieren.

Zubereitung

Das fette Brustfleisch zusammen mit dem Kotelettfleisch durch die grobe Scheibe des Fleischwolfs treiben und mit den Gewürzen abschmecken. Jetzt nochmals durch die feine Scheibe des Fleischwolfs drehen und in Därme oder in Gläser abfüllen.

wiebel fein gewiegt, ein n

getr
chs
schn
ne
id g
ann
Zähr
was
ha
h u

h ausbrate. In zwei

nig Butter (drei Loth [5

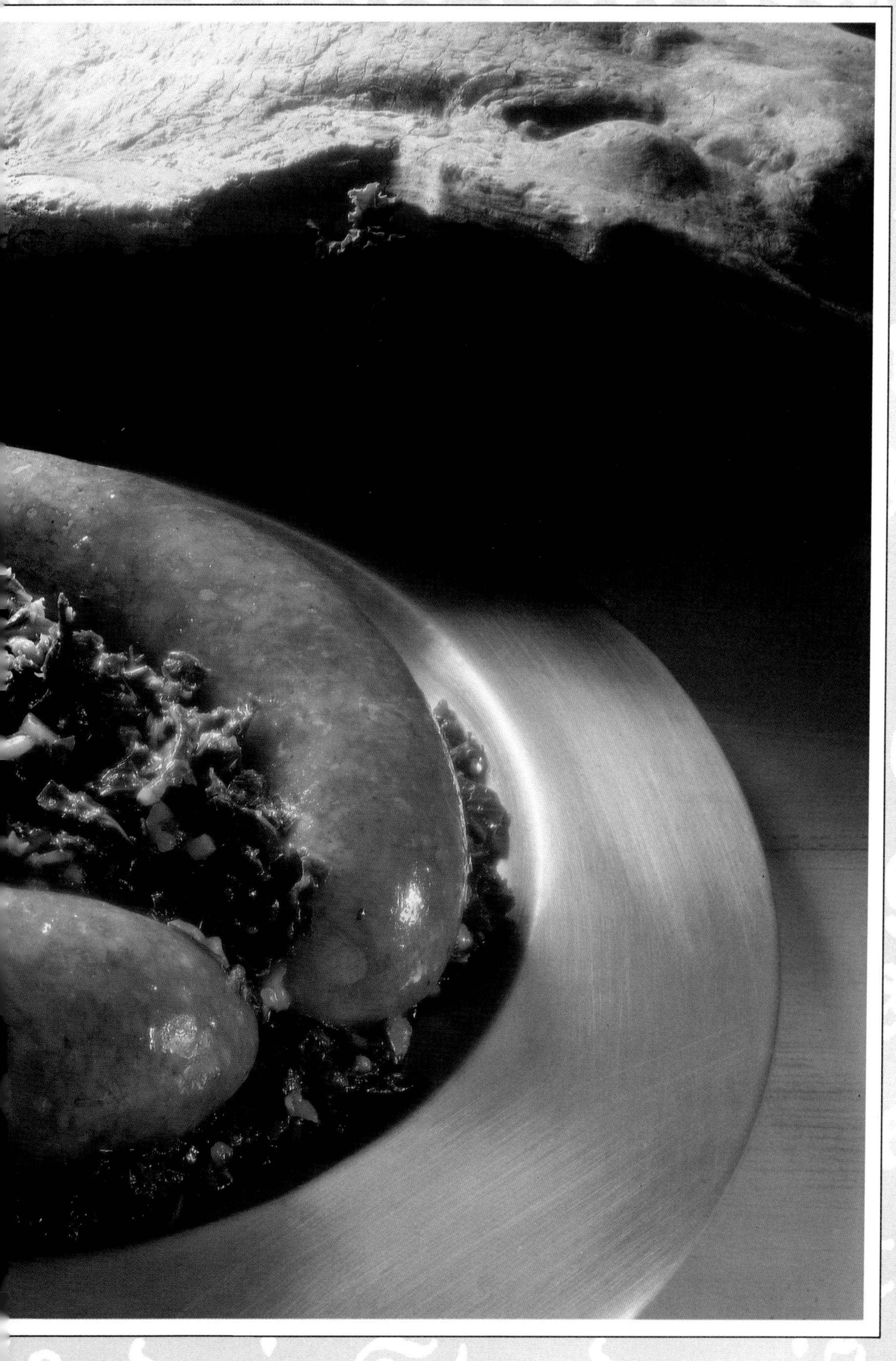

s drei Stunden ist sie

Grünkohl mit Pinkel

Zutaten

200 g Hafergrütze
0,4 l Gemüsebrühe
100 g Schweineflomen
2 Zwiebeln
1 Knoblauchzehe
1 Bd. Petersilie
1 EL Butter
Salz, Pfeffer
1/2 TL gemahlener Koriander
6–8 Wurstdärme vom Metzger

1,5 kg Grünkohl
1 l Gemüsebouillon
2 kleine Zwiebeln
50 g Butter
Muskatnuß
1 EL Mehl

Pinkel ist eine sehr gute Getreidewurst, die man in manchen Metzgereien schon fertig kaufen kann.

Zubereitung

Die Hafergrütze grob schroten, mit der erwärmten Gemüsebrühe übergießen und 20 Minuten quellen lassen.

Die Schweineflomen durch die feine Scheibe des Fleischwolfs drehen. Die Zwiebeln und die Knoblauchzehe schälen und sehr fein würfeln. Die Petersilie waschen und kleinhacken. Die Butter in einem Kochtopf erhitzen und darin die Zwiebeln, den Knoblauch und die Petersilie anschwitzen. Das Getreide mit der Flüssigkeit zugeben, mit Salz, Pfeffer und dem Koriander würzen und bei schwacher Hitze 35 bis 45 Minuten garen. Die Hafergrütze sollte weich sein.

Das Getreide lauwarm abkühlen lassen, die Schweineflomen untermischen und nochmals abschmecken. Die Masse nicht zu prall in die Wurstdärme füllen und in heißem Salzwasser (80 °C) 35 Minuten sieden lassen.

Die Pinkelwurst wird oft geräuchert, schmeckt aber ungeräuchert ebenso fein.

Den Grünkohl waschen, die harten Stiele entfernen, die Kohlblätter grob hacken und in der Gemüsebouillon bißfest garen. Die Zwiebeln schälen, würfeln und mit Butter in einem Kochtopf farblos anschwitzen. Mit Mehl bestäuben, mit Sahne und etwas Kochsud ablöschen und reduzieren, bis eine sämige Sauce entsteht.

Den Grünkohl zugeben, mit einer aufgeschnittenen Pinkelwurst würzen und gegebenenfalls mit Salz, Pfeffer und einer Prise Muskat abschmecken. Die übrigen Pinkelwürste im Grünkohl erhitzen und auf einer Platte servieren. Normalerweise benötigt man hier keine anderen Beilagen mehr. Salzkartoffeln sind jedoch eine gute Ergänzung.

◁ Grünkohl mit Pinkel, Rezept siehe oben

Rheinische Rostwurst

1 kg nicht zu fetter Schweinebauch
350 g schieres Kalbfleisch
1 Knoblauchzehe
50 g Zwiebeln
20 g Butter
250 g Kalbsbrät
Salz, Pfeffer aus der Mühle
1 Msp. Muskatnuß
1 Msp. Pastetengewürz
15–20 Schweinewurstdärme (vom Metzger)
Küchengarn
0,3 l süße Sahne
Fett zum Ausbraten

Den Schweinebauch von den Sehnen und Häutchen befreien.

Die Zwiebel und den Knoblauch schälen und in feine Ringe schneiden. Die Butter in einem Topf erhitzen und darin die Zwiebel mit dem Knoblauch farblos anschwitzen und ganz abkühlen lassen.

Jetzt das Schweine- und Kalbfleisch zusammen mit den Zwiebeln durch die grobe Scheibe des Fleischwolfs drehen und mit dem Kalbsbrät vermischen. Mit den Gewürzen abschmecken – beim Würzen sollte man vorsichtig vorgehen, da das Kalbsbrät oft schon reichlich gewürzt ist – und die Masse im Kühlschrank zwei bis drei Stunden ruhen lassen.

Die Wurstmasse nicht zu prall in die vorgeweichten Schweinewurstdärme einfüllen und vorsichtig mit Küchengarn verschließen.

Die Rostwürste in der süßen Sahne wenden und im nicht zu heißen Fett langsam ausbraten.

Zu dieser köstlichen Rostwurst passen Salate aller Art, aber am besten ein frischer Kartoffelsalat.

wiebel fein gewiegt, ein n

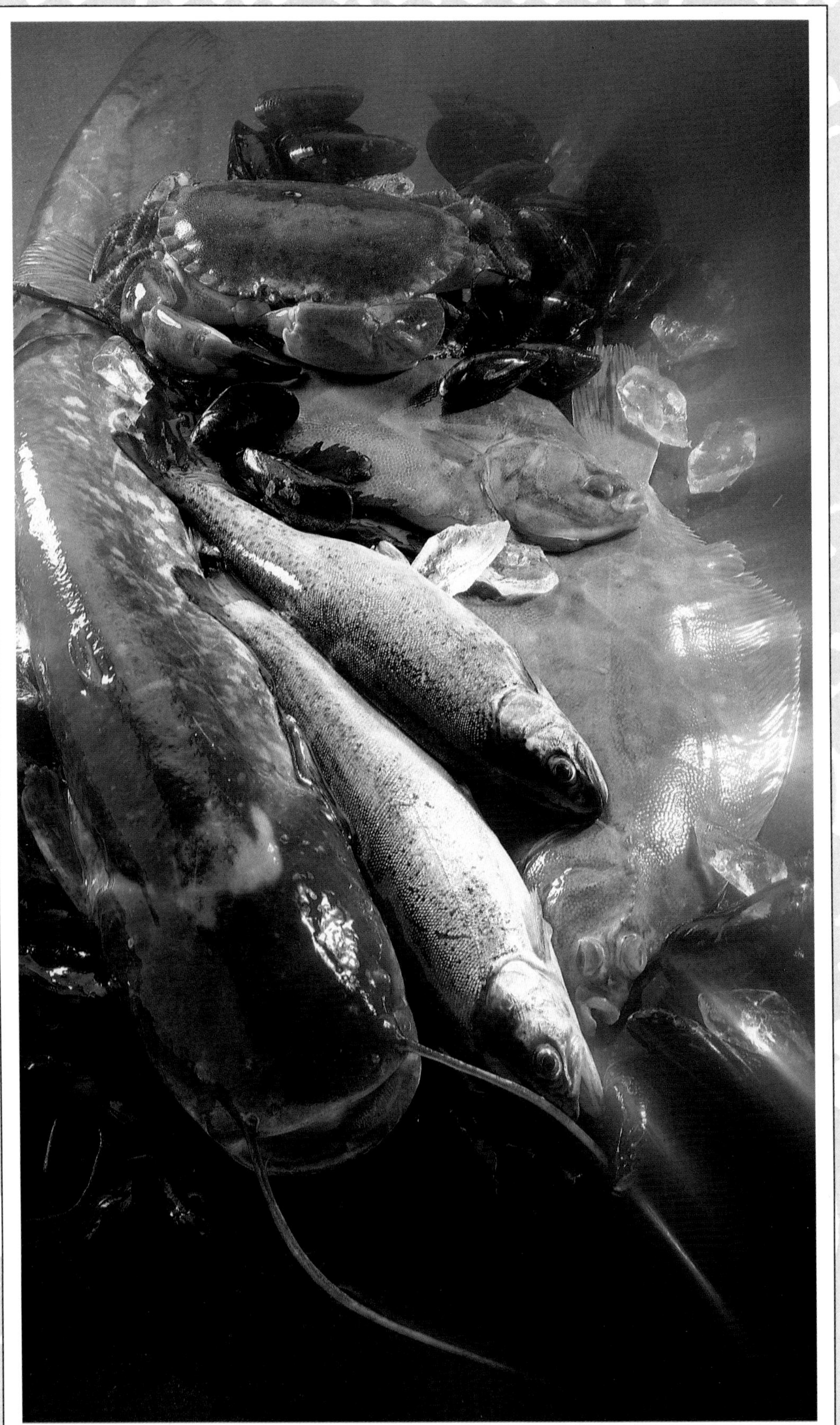

h ausbrate. In zwei

Fische
& Schalentiere

Früher war Fisch das Freitagessen. Und bei mehrgängigen Menüs in der besseren Gesellschaft gab
es einen eigenen Fischgang. Allerdings nur da, wo
Fluß, See oder Meer in der Nähe waren. Denn lange,
mühselige Transportwege hielt die leicht verderbli-
che Ware Fisch nicht durch.
Heute, im Zeitalter schnellster Verkehrsverbindun-
gen und modernster Kühltechnik, ist das kein Argu-
ment mehr, auf Fisch zu verzichten. Er gilt immer
mehr als rarer Hochgenuß, und Spezialitätenrestau-
rants widmen sich seiner Zubereitung mit Hingabe.
Gerade unsere heimischen Seen haben köstliche Fische zu bieten. Als Ragout, Gratin oder Mousse sind
sie ein kulinarischer Höhepunkt oder zart und leicht
gedünstet ein wahrer Genuß für den Kenner. Vor-
sicht! Fisch hat eine sehr geringe Garzeit. Zerfallen
darf er nicht. Und bitte keine Angst vor Gräten! Nach
ein bißchen Übung hat man das Prinzip schnell heraus, wie sie am besten zu entfernen sind. Auch die
scharfen Kanten an den Gehäusen von Krustentieren sollten Sie nicht erschrecken. Man knackt sie
ganz einfach mit einem Nußknacker, wenn man nicht
extra ein Spezialgerät dafür anschaffen will.
Fisch ist ein hochwertiges Nahrungsmittel. Er enthält
viele lebenswichtige Bausteine für den Organismus,
zum Beispiel leicht verdauliches Eiweiß. Deshalb
sollten Sie ihn in Ihren Speiseplan unbedingt hin und
wieder einbauen (Mediziner raten: ein- bis zweimal
wöchentlich). Heute ist er ohnehin eine ganz beson-
dere Delikatesse, denn er ist selten geworden und
dadurch nicht gerade preiswert.

Verarbeitung und Lagerung von Fischen und Schalentieren

Beim Einkauf sollte auf hundertprozentige Frische geachtet werden.
○ Frischer Fisch muß rein und angenehm riechen (nicht penetrant).
○ Die Kiemen müssen leuchtend rot sein und gut anliegen.
○ Die Haut muß gespannt und farbschillernd sein.
○ Die Schuppen müssen gut an der Haut festhaften und metallisch glänzen.
○ Die Augen müssen hervorstehen und leuchtend klar sein.
○ Das Fleisch muß an den Gräten festliegen und reinfarbig und glasig fest sein.

Krustentiere, also Krabben und Krebse, sollten sofort nach dem Fang in kochendem Wasser blanchiert werden, damit sie an Geschmack und Gewicht nicht zuviel verlieren.
Muscheln dürfen nicht geöffnet gekauft werden. Durch zu langes Liegen beginnt das Eiweiß sich zu verändern, und es können sich Giftstoffe entwickeln.
Fische sind relativ kurz lagerfähig, sollten also möglichst schnell verarbeitet werden. Im normalen Kühlschrank, in ein feuchtes Tuch eingepackt, behalten sie länger Frische und Qualität. Die gekauften Fische sollten Sie sich immer ausnehmen lassen, ganz besonders wichtig ist das Entfernen der Galle.
Um Fische optimal bearbeiten zu können, benötigen Sie sehr scharfe Messer, eine kleine Zange für die Gräten und eventuell einen Nußknacker für die Krustentiere.

Aal-Kartoffel-Auflauf

Hauptgericht für 4 Personen

Zutaten

1 Aal (ca.700 g)
500 g Kartoffeln
1 Bd. Majoran
1 Zwiebel
50 g Butter
0,3 l Sahne
0,1 l Milch
Salz, Pfeffer
Muskatnuß

Zubereitung

Den Aal vom Fischhändler filetieren lassen. Anschließend in Streifen schneiden. Die Kartoffeln schälen und sehr dünn hobeln. Den Majoran waschen und fein hacken. Die Zwiebel schälen, würfeln und mit der Butter in einer Pfanne kurz anschwitzen. Mit der Sahne und der Milch ablöschen, Kartoffeln und Aal zugeben, mit Salz und Pfeffer abschmecken und in eine feuerfeste Form geben. Den gehackten Majoran und etwas geriebene Muskatnuß über den Auflauf streuen und im Backofen bei 210°C ca. 35 Minuten backen.
Beilage: Blattsalate – Weinempfehlung: Ruländer aus Baden.

Seefelchen auf lauwarmem Spargel

Vorspeise für 4 Personen

Zutaten

4 kleinere Seefelchen
1 Tomate
1/2 Bd. Frühlingszwiebeln
1 Bd. Schnittlauch
3 EL Öl
1 EL Rotweinessig
1 kg Spargel
70 g Butter
Salz, Pfeffer, Zucker

Zubereitung

Die Seefelchen vom Fischhändler ausnehmen und filetieren lassen.

Die Tomate fein würfeln. Das Helle der Frühlingszwiebeln und den Schnittlauch in feine Ringe schneiden. Die Zutaten mit dem Essig und dem Öl verrühren.

Den Spargel schälen, in gleich große Stücke schneiden und in kochendem Salz-Zucker-Wasser bißfest garen.

Die Butter in einer Pfanne erhitzen und darin die Seefelchenfilets knusprig braten.

Den lauwarm abgekühlten Spargel auf einer Platte anrichten, die gewürzten Seefelchen auflegen und mit der Schnittlauch-Tomaten-Marinade bestreichen.

Beilage: Weißbrot – Weinempfehlung: Weißherbst vom Bodensee.

Brachsenmousse-Terrine

Vorspeise für 4 Personen

Zutaten

500 g Brachsenfilets*
1 Bd. grüner Spargel
0,3 l Sahne
2 Eiweiß
1 EL Weinbrand
Salz, weißer Pfeffer
Terrinenform

Zubereitung

Die Brachsenfilets klein würfeln und im Kühlschrank gut durchkühlen lassen.

Den Spargel wenn nötig schälen, in dünne Streifen schneiden und in kochendem Salz-Zucker-Wasser bißfest garen und sofort in kaltem Wasser abschrecken.

Fischwürfel mit der Sahne, dem Eiweiß und dem Weinbrand im Mixer fein pürieren, anschließend durch ein Sieb passieren und mit Salz und weißem Pfeffer abschmecken. Die Spargelstücke vorsichtig untermischen und die Masse in eine Terrinenform einfüllen. Im Backofen bei 150°C ca. 30 Minuten garen.

Diese Terrine schmeckt sehr gut kalt und paßt auch zu Salaten.

Weinempfehlung: Weißer Burgunder.

Statt Brachsenfilets kann man auch Eglifilets (Barschfilets) für dieses Rezept verwenden.

---

* Brachsen, ein Süßwasserfisch (Brasse), kommt im Voralpenland in Seen und Flüssen vor.

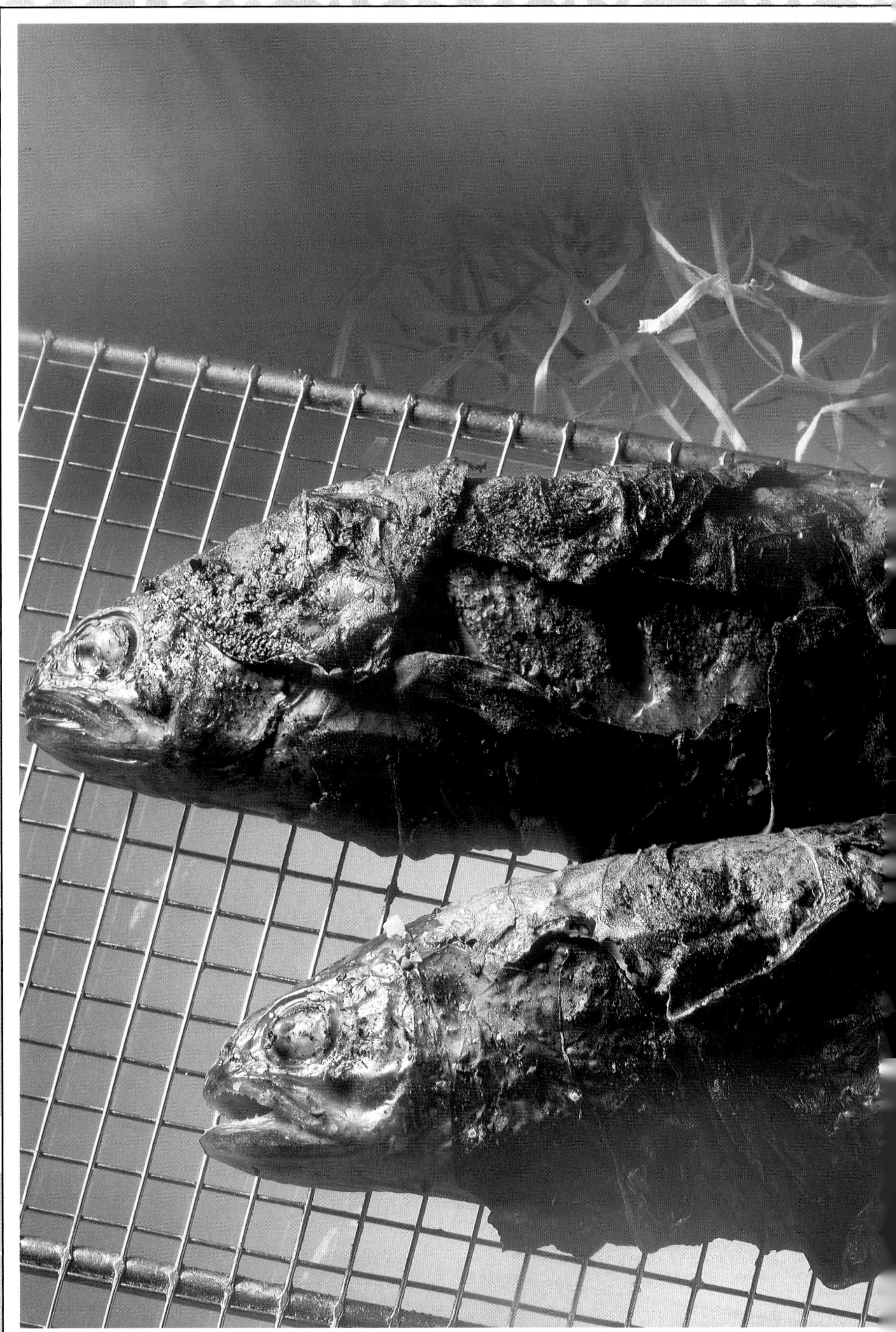

Gegrillte Forelle im Spinatmantel

Vorspeise oder kleines Abendessen für 4 Personen

Zutaten

4 Forellen, à ca. 400 g
2 Knoblauchzehen
Saft einer Zitrone
grobes Salz
grober Pfeffer
rosa Pfeffer
200 g große Spinatblätter

Zubereitung

Die Forellen ausnehmen und die Haut schräg einritzen. Mit den zerdrückten Knoblauchzehen, dem Saft der Zitrone und den Gewürzen einreiben und kurz marinieren lassen.
Die Spinatblätter von den Stielen befreien, in kochendem Wasser kurz blanchieren und sofort in kaltem Wasser abschrecken. Die marinierten Forellen in die Spinatblätter einschlagen und am besten auf Holzkohle grillen, bis die Blätter knusprig sind.
Durch den Spinatmantel bleibt die Forelle sehr schön saftig.
Hierzu paßt am besten Salat und ein Pils vom Faß.

Lachsforellenkissen

Fischgang im Menü für 4 Personen

Zutaten

1 Lachsforelle (ca. 600 g)
2 Tomaten
120 g kleine Erdartischocken
1 Zucchini
2 Karotten
150 g Champignons
1 Bd. Estragon
0,2 l Weißwein
0,1 l Fischbouillon
Salz, weißer Pfeffer
Alufolie

Zubereitung

Die Lachsforelle filetieren, von der Haut befreien und das Fischfleisch in Streifen schneiden.
Die Tomaten, die Erdartischocken, die Zucchini waschen, die Karotten schälen und alles in gleich große Stücke schneiden. Die Champignons halbieren, den Estragon zupfen, waschen und kleinhacken.
Ein Backblech so mit Alufolie auslegen, daß diese doppelt übersteht. Alle Zutaten auf dem Backblech verteilen, mit den Gewürzen, dem Weißwein, der Fischbouillon und dem Estragon belegen. Die Alufolle ringsherum gut verschließen, so daß keine Luft entweichen kann.
Im Backofen bei 190 °C ca. 35 Minuten garen, bis die Alufolie zu einem großen Kissen aufgegangen ist. Das Kissen sofort servieren und die Alufolie am Tisch aufschneiden.
Beilage: kleine Kartöffelchen – Weinempfehlung: Gutedel aus Baden.

◁ Gegrillte Forelle im Spinatmantel, Rezept siehe oben

Gefüllter Karpfen mit Chicorée

Hauptgericht für 4 Personen

Zutaten

1 Karpfen (1200 g–1500 g)
Salz, grob gemahlener weißer Pfeffer
8 St. Chicorée
50 g Butter
1 Zwiebel
0,1 l Sahne
2 Bd. Petersilie

Zubereitung

Den Karpfen vom Fischhändler vom Rückgrat her ausnehmen lassen. Mit Salz und Pfeffer würzen. Vom Chicorée den bitteren Kern ausschneiden und die Kolben in feine Streifen schneiden. Die Butter in einem Topf erhitzen, die kleingeschnittene Zwiebel und den Chicorée darin andünsten und mit der Sahne ablöschen. Die gehackte Petersilie untermischen, abschmecken und etwas abkühlen lassen. Die Masse in den Karpfen füllen und im Backofen bei 220°C ca. 40 Minuten backen. Während des Bakkens den Fisch immer wieder mit etwas Wasser übergießen, damit er nicht zu trocken wird.
Dazu gibt es Salzkartoffeln.
Weinempfehlung: ein kräftiger Kerner aus Württemberg.

Hechtfilets mit Kürbiscreme

Hauptgericht für 4 Personen

Zutaten

1 Hecht (800 g)
300 g Kürbisfleisch
0,1 l Sahne
0,1 l Weißwein
1 Ei
Salz, Pfeffer
1 Bd. Petersilie

Zubereitung

Den Hecht filetieren und in vier Stücke teilen. Die Hechtfilets mit einem großen Messer etwas flachdrücken und beiseite stellen.
Das Kürbisfleisch mit der Sahne und dem Weißwein, und bei Bedarf noch mit etwas Wasser, nicht zu weich dünsten. Die Kürbismasse im Mixer nur ganz kurz mixen und mit dem Ei vermengen. Die Hechtfilets würzen und in eine feuerfeste Form legen. Mit der abgeschmeckten Kürbiscreme bestreichen und im Backofen bei 200°C etwa 30 Minuten backen.
Vor dem Servieren mit der grob gehackten Petersilie garnieren.
Zu den Hechtfilets schmeckt ein zartes Spargelgemüse.
Weinempfehlung: trockener Riesling aus Rheinhessen.

nia Butter (drei Loth [5

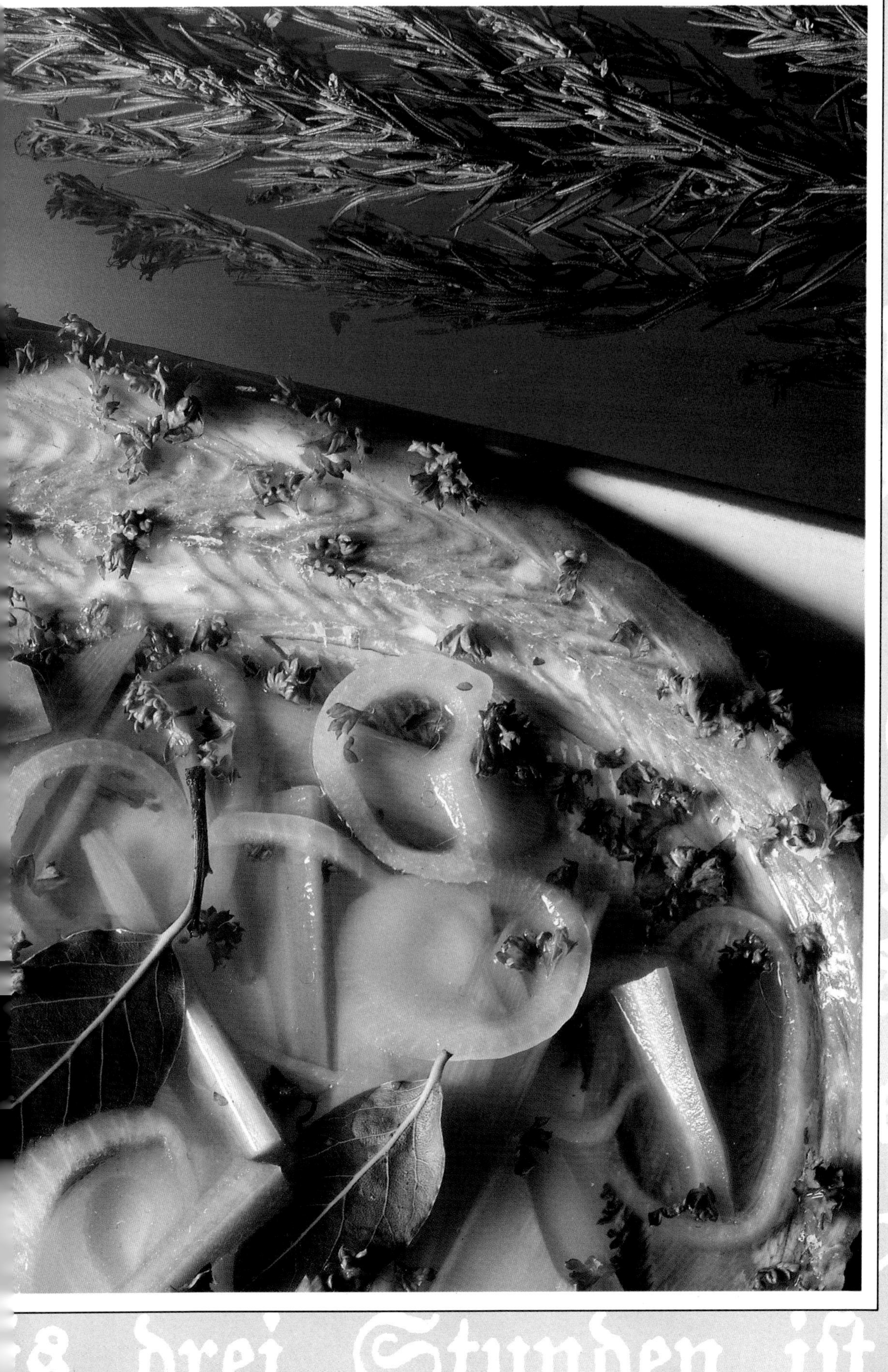

s drei Stunden ist sie

Donauwaller im Wurzelsud

Hauptgericht für 4 Personen

Zutaten

1 kg Donauwaller
3 kleine Zwiebeln
2 Stangen Lauch
4 Karotten
3 EL Essig
2 Lorbeerblätter
1 EL Senfkörner
1,2 l Fischbrühe, Seite 30
Salz, Pfeffer
1 Bd. Petersilie

Zubereitung

Von dem Waller die Haut abziehen. Die Zwiebeln schälen und in feine Ringe schneiden. Das Gemüse ebenfalls schälen, grob schneiden und zusammen mit den Zwiebeln, dem Essig, den Lorbeerblättern, den Senfkörnern zu der Fischbouillon geben und langsam aufkochen lassen. Mit Salz, Pfeffer abschmecken, den Waller im Ganzen oder auch in dünnere Scheiben geschnitten zugeben und 30 Minuten ziehen lassen.

Das Gemüse mit dem Donauwaller auf einer Platte anrichten und mit grob gehackter Petersilie bestreuen.

Hierzu passen frisch gekochte Kartoffeln.

Weinempfehlung: ein fruchtiger Riesling aus dem Rheingau.

Zander in Senfbutter

Vorspeise für 4 Personen

Zutaten

2 kleine Zander
2 EL Senf
1/2 Kastenweißbrot
2 hartgekochte Eier
1 Bd. Dill
100 g Butter
Salz, Pfeffer aus der Mühle

Zubereitung

Die Zander filetieren und von der Haut lösen. Mit Salz und Pfeffer würzen und mit Senf von beiden Seiten bestreichen. Das Kastenweißbrot und die hartgekochten Eier in kleine Würfel schneiden. Den Dill fein hacken.

Die Butter in einer Pfanne erhitzen und die Zanderfilets darin von beiden Seiten goldbraun braten. Den Fisch herausnehmen und auf einer Platte warmstellen.

Die Ei- und Brotwürfel in die Pfanne geben, ebenfalls schön anbraten und über die Zanderfilets geben. Vor dem Servieren mit gehacktem Dill bestreuen.

Beilage: Reis – Weinempfehlung: Pfälzer Bacchus.

◁ Donauwaller im Wurzelsud, Rezept siehe oben

Gegrillte Makrele auf Fenchelgemüse

Hauptgericht für 4 Personen

Zutaten

4 Makrelen
2 Knoblauchzehen
Saft einer Zitrone
Salz, Pfeffer aus der Mühle
1 Bd. Schnittlauch
2–3 Fenchelknollen
0,3 l Sahne
1 Msp. gemahlener Anis
1 EL rosa Pfeffer
30 g Butter

Zubereitung

Die Makrelen ausnehmen, waschen und die Haut mit einem Messer schräg einritzen. Den Knoblauch zermusen, mit dem Zitronensaft, Salz und Pfeffer mischen und die Mischung in die Makrelen einmassieren.
Die Fenchelknollen waschen, in Streifen schneiden und mit Butter in einem Kochtopf anschwitzen. Mit der Sahne, dem gemahlenen Anis, Salz und Pfeffer würzen und den Fenchel darin gar kochen.
Die Makrelen von beiden Seiten goldbraun grillen und auf dem Fenchelgemüse anrichten. Mit dem rosa Pfeffer und mit dem kleingeschnittenen Schnittlauch bestreuen und sofort servieren.
Hierzu passen ein gemischter Salat und neue Kartoffeln.
Weinempfehlung: Rosé oder ein leichter roter Landwein.

Heringsfilets auf Zwiebel-Lauchgemüse

Hauptgericht für 4 Personen

Zutaten

4 frische Heringe
Saft einer halben Zitrone
Salz, Pfeffer aus der Mühle
4 Zwiebeln
2 Stangen Lauch
100 g Butter
2 EL Mehl
0,3 l Sahne
0,1 l Weißwein
1 Bd. Estragon

Zubereitung

Die Heringe filetieren und mit dem Saft einer halben Zitrone, Salz und Pfeffer aus der Mühle marinieren.
Die Zwiebeln schälen, den Lauch waschen. Alles in gleichgroße Ringe schneiden und mit etwas Butter in einem Kochtopf farblos anschwitzen. Mit wenig Mehl bestäuben und mit Sahne und Weißwein ablöschen. Das Gemüse unter ständigem Rühren leicht köcheln lassen.
Die Heringsfilets in Mehl wenden und in der restlichen Butter goldbraun braten. Das Gemüse auf Tellern anrichten und darauf die Heringsfilets setzen. Mit dem klein geschnittenen Estragon garnieren und mit Dampfkartoffeln servieren.
Weinempfehlung: Muscadet.

wiebel fein gewiegt, ein m

getr
chs
schn
ne
id g
ann
Sähr
was
. ho
h u

h ausbrate. In zwei

nig Butter (drei Loth [5

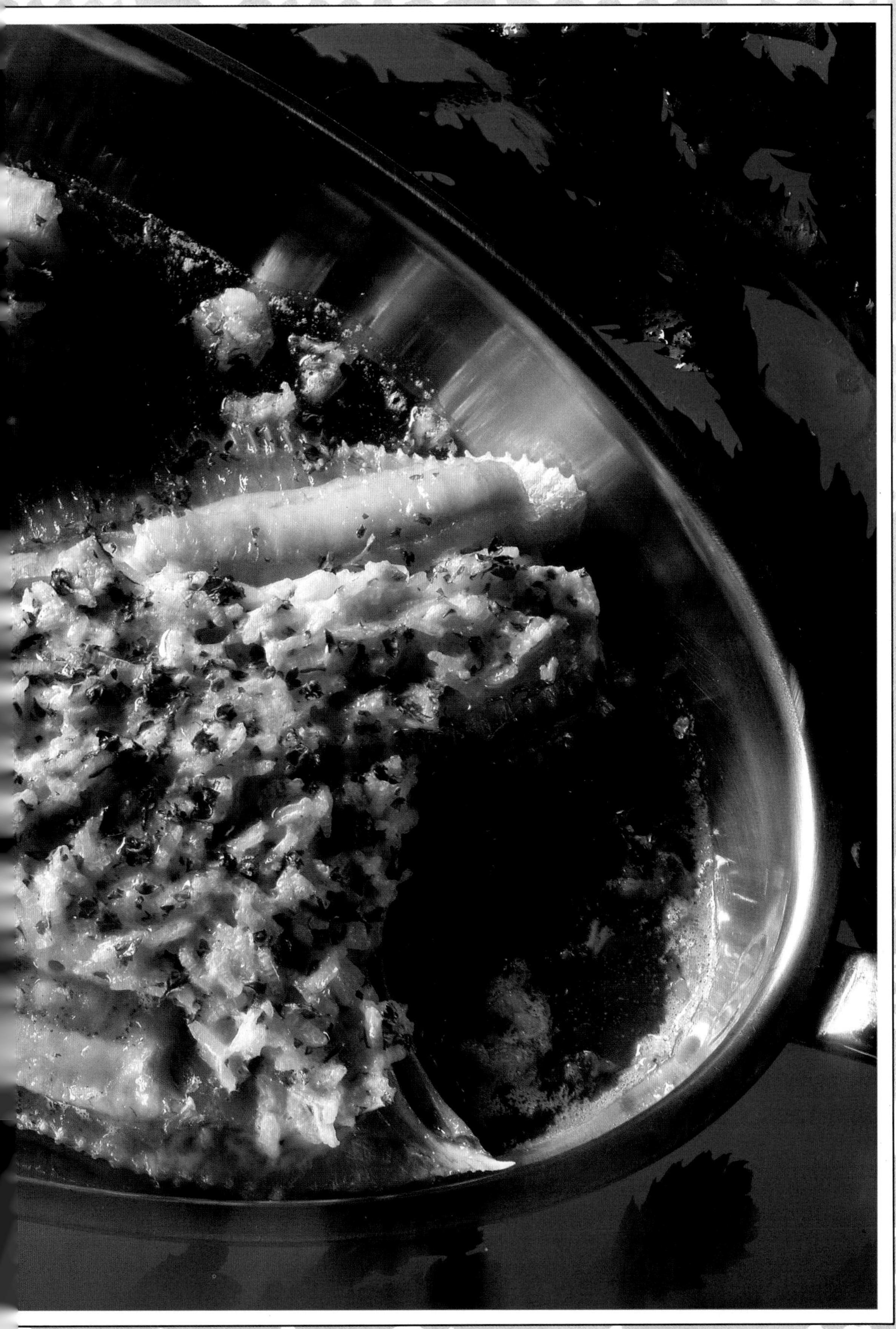

is drei Stunden ist sie

Gratinierte Scholle mit Petersiliencreme

Hautgericht für 4 Personen

Zutaten

4 kleine Schollen
3 Bd. Petersilie
2 Eier
0,2 l Sahne
1 Tasse gekochter Reis
150 g Butter
Salz, Pfeffer

Zubereitung

Von den Schollen die Köpfe entfernen und eine Seite filetieren. Die andere Seite in der Mitte längs einschneiden und die Filets vorsichtig nach rechts und links wegklappen.

Die Petersilie fein wiegen und mit den abgezogenen Schollenfilets, den Eiern und der Sahne im Mixer fein pürieren. Den gekochten Reis unter die Masse mischen, abschmecken und in die geöffneten Schollenhälften einstreichen.

Die Butter in einem großen Bräter schmelzen, die Schollen hineinsetzen und im Backofen bei 220°C ca. 25 Minuten gratinieren.

Kleine, in Butter geschwenkte Kartoffeln passen sehr gut dazu.

Weinempfehlung: Weißherbst vom Kaiserstuhl oder vom Bodensee.

Schellfisch auf Tomaten-Kaperngemüse

Hauptgericht für 4 Personen

Zutaten

600 g Schellfisch
300 g reife Tomaten
2 Zwiebeln
1 Oregano
3 EL Öl
3 EL Kapern
0,2 l Weißwein
Salz, Pfeffer

Zubereitung

Den Schellfisch filetieren, von der Haut lösen und in Streifen schneiden. Die Tomaten mit kochendem Wasser überbrühen, schälen und würfeln. Die Zwiebeln schälen und grob zerkleinern. Den Oregano waschen und kleinschneiden.

Das Öl in einer Pfanne erhitzen und darin die Zwiebeln farblos anschwitzen. Mit den Tomaten, den Kapern und dem Weißwein ablöschen, die Schellfischstreifen auflegen und so lange dünsten, bis die Flüssigkeit verdampft ist. Mit Salz, Pfeffer und dem kleingeschnittenen Oregano bestreuen und sofort servieren:

Beilage: Brunnenkressesalat – Weinempfehlung: Riesling.

◁ Gratinierte Scholle mit Petersiliencreme, Rezept siehe oben

Kabeljau-Pilz-Soufflé

Hauptgericht für 4 Personen

Zutaten

250 g Kabeljau
Saft einer halben Zitrone
100 g Austernpilze
100 g Egerlinge
1 kleine Zwiebel
50 g Butter
1 Bd. Petersilie
400 g Mangoldblätter
Salz, Pfeffer
1 Ei
Souffléförmchen

Zubereitung

Den Kabeljau häuten, entgräten und in kleine Würfel schneiden. Mit Zitronensaft beträufeln.

Die Austernpilze mit den gewaschenen Egerlingen und der geschälten Zwiebel fein würfeln. Mit der Butter in einer Pfanne anschwitzen und so lange köcheln lassen, bis die Flüssigkeit verdampft ist. Mit Salz, Pfeffer und der gehackten Petersilie würzen und abkühlen lassen.

Die Mangoldblätter vom Stiel lösen, in kochendem Salzwasser kurz blanchieren und sofort in kaltem Wasser abschrecken. Eventuell etwas zerkleinern.

Die Kabeljauwürfel mit dem Ei unter die Pilzmasse heben.

Die Souffléförmchen mit etwas Öl auspinseln und mit den Mangoldblättern auslegen. Die Fisch-Pilzmasse in die Förmchen geben, mit Mangold bedecken und im Backofen bei 180 °C ca. 20 Minuten backen.

Die Soufflés auf Teller stürzen und mit leicht getoasteten Weißbrotscheiben und einem Rucola-Salat servieren.

Weinempfehlung: trockener Riesling aus Franken.

Gefüllter Taschenkrebs

Hauptgericht für 4 Personen

Zutaten

4 Taschenkrebse*
500 g Spargel
1 Zucchini
2 Steinpilze
0,3 l Sahne
50 g Kerbel
0,1 l trockener Sekt
Salz, Kümmel

Zubereitung

Die Taschenkrebse in kochendem Salzwasser mit einem Eßlöffel Kümmel 8 Minuten kochen lassen und dann herausnehmen.

Den Spargel schälen, in kleine Stücke schneiden und ebenso bißfest garen.

Die Zucchini und die Steinpilze in dünne Scheiben schneiden.

Von den Taschenkrebsen einen Deckel abschneiden, die Scheren aufbrechen und das Fleisch auslösen.

Die Sahne aufkochen, die Steinpilz- und Zucchinischeiben sowie das Krebsfleisch dazugeben, nochmals aufkochen lassen, mit Salz und Kerbelblättchen abschmecken. Zum Schluß die Spargelstücke und den Sekt zugeben und alles in die Krebskörper füllen. Im Backofen nur noch einmal aufwärmen und sofort servieren.

Beilage: Weißbrot – Weinempfehlung: Grauer Burgunder.

---

* Beim Kauf schwerere Tiere bevorzugen, da deren Fleisch fester ist.

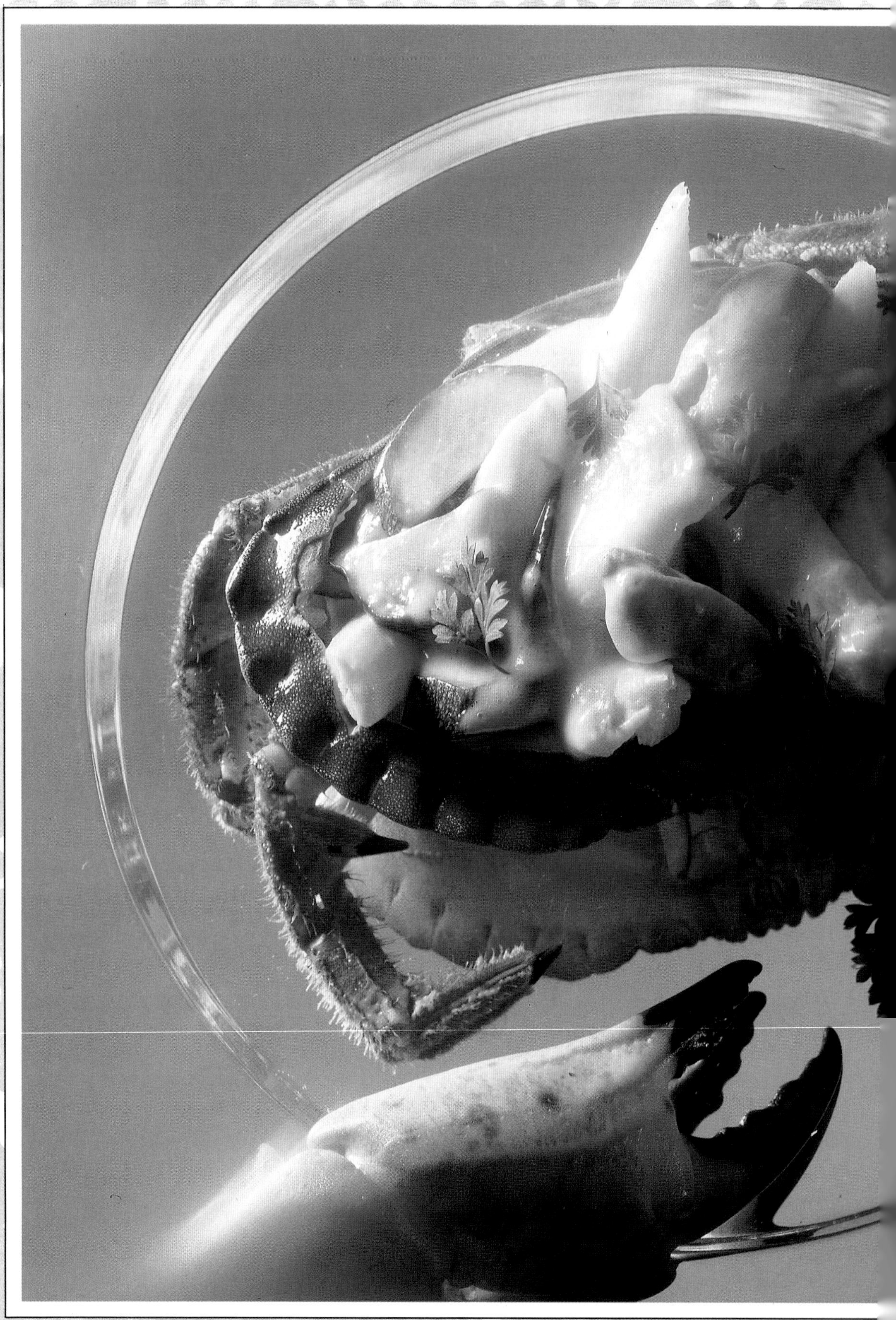

ine

was

ein

die

an

gieß

un

n

all

Flußkrebse im Netz

Vorspeise oder Fischgang im Menü für 4 Personen

Zutaten

500 g frische Flußkrebse
1 l Wasser
1 kleine Zwiebel
Salz, Pfeffer, Kümmel
1 kleiner Wirsingkopf
100 g Champignons
1 Bd. Schnittlauch
0,2 l Sahne

Zubereitung

Die Flußkrebse mit einer Bürste gründlich säubern.
In einem Topf das Wasser mit der Zwiebel, etwas Kümmel, Salz und Pfeffer zum Kochen bringen. Die Flußkrebse in diesem kochendem Wasser kurz blanchieren und sofort wieder herausnehmen.
Den Wirsingkopf in einzelne Blätter teilen, vom Strunk lösen und ebenfalls in kochendem Wasser kurz blanchieren.
Die Champignons in dünne Scheiben schneiden. Vom Schnittlauch ein paar Stengel beiseite legen und den Rest in feine Röllchen schneiden.
Die Flußkrebse ausbrechen und das Fleisch zusammen mit den Champignons, den Schnittlauchröllchen und der Sahne erhitzen und zu einer sämigen Sauce reduzieren. Etwas abkühlen lassen und auf einzelne Wirsingblätter verteilen, mit den Schnittlauchstengeln vorsichtig zu kleinen Säckchen zusammenschnüren und in einer feuerfesten Form im Backofen bei 210 °C noch ca. 15 Minuten überkrusten.
Dieses Gericht kann man auch als Vorspeise servieren.
Toastbrot, ein trockener Riesling, aber auch ein Glas Sekt passen dazu.

Flußkrebse mit Tomatenbutter

Hauptgericht für 4 Personen

Zutaten

750 g frische Flußkrebse
4 reife Tomaten
1 Knoblauchzehe
50 g frischer Kerbel
70 g Butter
0,1 l Weißwein
Saft einer Zitrone
Salz

Zubereitung

Die gesäuberten Flußkrebse in kochendem Salzwasser 5 Minuten garen, herausnehmen und in kaltem Wasser abschrecken.
Die Tomaten einritzen und in dem Krebswasser kurz überbrühen, ebenfalls in kaltem Wasser abschrecken und schälen. Die Knoblauchzehe schälen und zusammen mit dem gewaschenen Kerbel fein hakken.
Das Krebsfleisch aus den Panzern lösen. Die Butter in einer Pfanne erhitzen, das Krebsfleisch, den Kerbel und die Knoblauchzehe darin anbraten. Die Tomaten mit einer Gabel grob zerkleinern und in die Pfanne geben. Den Weißwein zugießen und bei milder Hitze ca. 5 Minuten köcheln lassen. Mit Salz und Zitronensaft würzen und sofort servieren.
Als Beilage zu diesem erfrischenden Fischgericht paßt ein grüner Blattsalat, aber auch ein luftiger Dillreis.
Weinempfehlung: Riesling oder ein Graves.

◁ Gefüllter Taschenkrebs, Rezept S. 79

Gratinierte Muscheln

Hauptgericht für 4 Personen

Zutaten

1,2 kg frische Muscheln
1 Zwiebel
0,2 l Weißwein
0,2 l Fischbrühe, Seite 30
1 Lorbeerblatt
Salz

2 Tomaten
1 Zucchini
100 g Champignons
4 kleine Kartoffeln
20 g Butter
0,2 l Sahne
1 Bd. Schnittlauch
Salz, Pfeffer aus der Mühle

Zubereitung

Die Muscheln unter fließendem kalten Wasser abbürsten und die schon geöffneten aussortieren. Die Zwiebeln schälen und zusammen mit dem Weißwein, der Fischbouillon, dem Lorbeerblatt und etwas Salz aufkochen. Die Muscheln zugeben und zugedeckt ca. 15 Minuten bei schwacher Hitze garen lassen, bis alle Muscheln geöffnet sind.
Die Tomaten einritzen, mit kochendem Wasser überbrühen und schälen. Die Zucchini waschen, beide Enden abschneiden und das Fruchtfleisch kleinwürfeln. Die Champignons waschen und vierteln. Die Kartoffeln schälen und in hauchdünne Scheiben schneiden.
Eine Auflaufform mit der Butter ausfetten und abwechselnd Kartoffeln, Champignons, Tomatenscheiben und Zucchiniwürfel einschichten. Die Muscheln aus der Schale lösen und auf das Gemüse setzen. Die Sahne mit 0,2 Litern des Kochfonds, Salz, Pfeffer aus der Mühle und dem in feine Ringe geschnittenen Schnittlauch verrühren und in die Auflaufform gießen. Im Backofen bei 210 °C ca. 25–30 Minuten gratinieren.
Tomatensalat mit frischen Kräutern und ein rösches Weißbrot ergänzen dieses leichte Fischgericht.
Weinempfehlung: weißer Burgunder.

Muscheln im Gemüsesud

Vorspeise für 4 Personen

Zutaten

1 kg Miesmuscheln
0,2 l Fischbouillon, Seite 30
0,2 l Weißwein
1 Zwiebel
1 Lorbeerblatt
6 Pfefferkörner
Salz
3 Karotten
1 Stange Lauch
1/2 Knolle Sellerie
2 Zehen Knoblauch

Zubereitung

Die Muscheln unter fließendem kalten Wasser abbürsten und die schon geöffneten aussortieren.
Die Fischbouillon mit dem Weißwein, den Gewürzen und Salz aufkochen lassen. Die Gemüse schälen, waschen und in feine Streifen schneiden, die Knoblauchzehen fein hacken und ebenfalls zu dem Sud geben. Die Muscheln zugeben und bei geschlossenem Deckel so lange ziehen lassen, bis alle Muscheln geöffnet sind. Nicht geöffnete Muscheln entfernen. Nach Bedarf den Sud noch etwas nachwürzen.
Hierzu paßt ofenfrisches Knoblauchbrot.
Weinempfehlung: trockener Landwein.

wiebel fein gewiegt, ein n

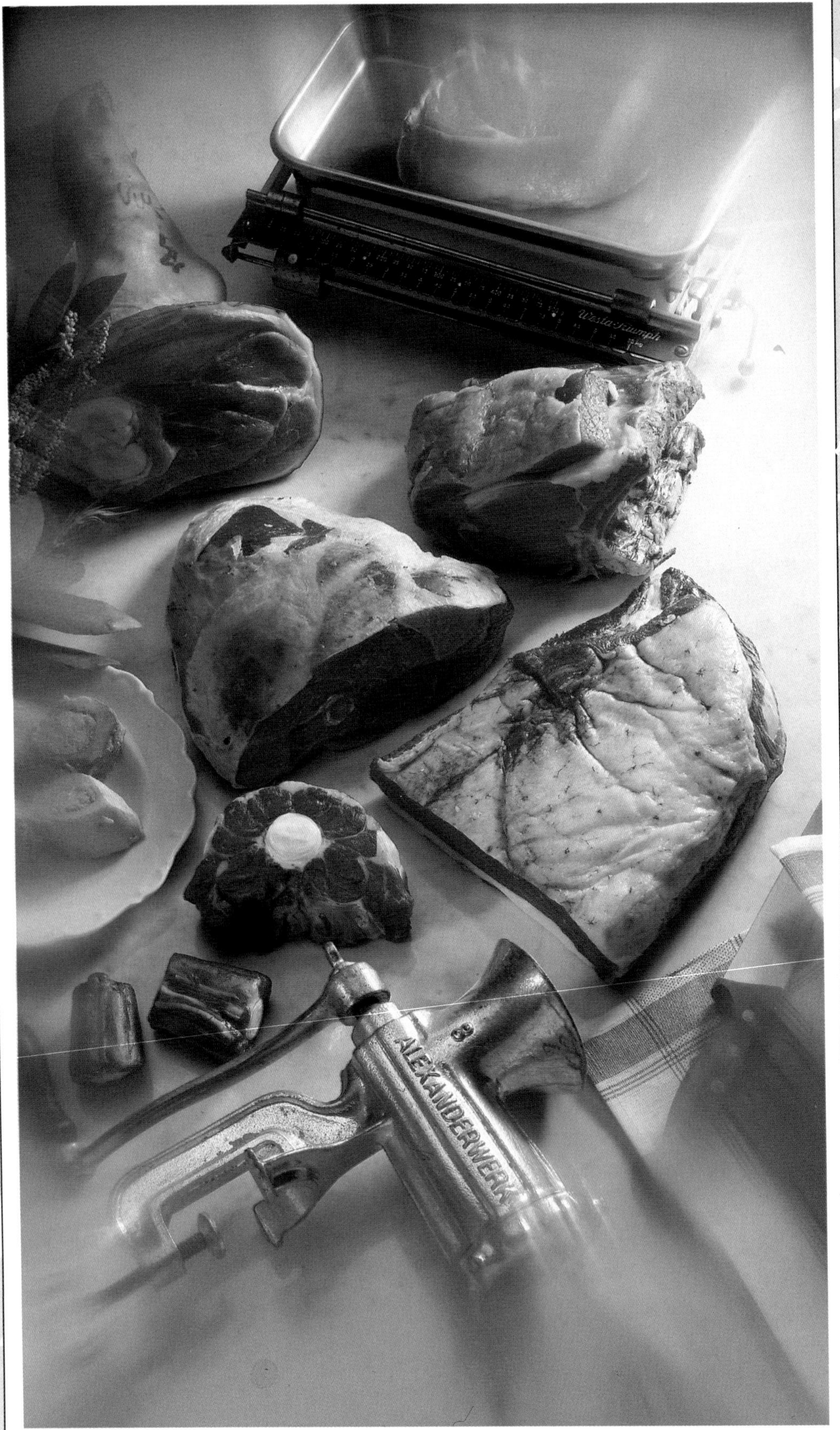

h ausbrate. In zwei

Fleischgerichte

Das Stück Fleisch im Topf allein ist heute nicht mehr das Nonplusultra. Wer Fleischgerichte liebt, legt auf die Qualität besonderen Wert. Achten Sie deshalb schon beim Kauf auf Aussehen und Zuschnitt. Nicht jedes Stück blaßrosa Fleisch ist auch wirklich schmackhaft und zart. Und nicht jedes fertig abgepackte Steak hat den professionellen Zuschnitt. Es lohnt sich, Fleisch bei einem Metzgermeister zu kaufen, dem man vertrauen kann. Wenn er Ihre Ansprüche erst kennt, wird er seinen ganzen Berufsstolz einlegen, Sie immer vom Besten zu bedienen. Und wenn's auch ein bißchen teurer ist, es zahlt sich aus, denn die Qualität des Fleisches ist unbedingt Voraussetzung für jedes gelungene Fleischgericht.
Wenn der Sommer naht und die Grillvorrichtungen auf Vordermann gebracht werden, beginnt die wahre »Fleischeslust«. Kräuter und Gewürze und raffinierte Marinaden geben dem Gegrillten sein tolles Aroma, das es bei Jung und Alt so beliebt macht. Fleischstücke vor dem Braten in Marinade einzulegen, ist übrigens eine uralte Methode, dem Fleisch zu mehr Zartheit und Geschmack zu verhelfen.
Mit diesem Kapitel wollen wir Ihnen auch wieder Lust machen auf die vielen kurzgebratenen Fleischgerichte, die nur dann langweilig sind, wenn man sie phantasielos und ohne ein bißchen Pep zubereitet.
Mit ein paar interessanten Komponenten werden Sie sie als moderne Klassiker, die wunderbar schnell zubereitet sind, sicher gerne goutieren.

Fleisch einlegen

Fast jede Fleischsorte eignet sich zum Einlegen in Öl. Selbst die edleren Sorten und Stücke gewinnen an Attraktivität und Würze. Der typische Eigengeschmack des Fleisches wird durch Zugabe von Kräutern und Gewürzen betont. Außerdem hält das Fleisch länger frisch und bleibt saftiger.

Die Kräuter sollten nach dem Waschen mit Küchenkrepp gut getrocknet werden.

Das Öl muß von guter Qualität sein. Es sollte das Fleisch gerade bedecken.

Das Fleisch wird erst kurz vor dem Braten oder Grillen gesalzen, da es sonst zu viel Wasser verlieren könnte.

Kräutermarinade

Zutaten

2–3 Knoblauchzehen, 1 Zwiebel
Kräuter nach Geschmack: Thymian,
Majoran, Liebstöckel, Rosmarin...
1 Lorbeerblatt
5–6 Pfefferkörner, weiß
2 Korianderkörner, weiß
Olivenöl zum Einlegen
Fleisch: Rindersteaks, Lamm- oder Kalbskoteletts, Filets, etc.

Zubereitung

Die Zwiebel und die Knoblauchzehen schälen und in Streifen schneiden. Die Kräuter waschen, gut abtropfen lassen und kleinschneiden. Die Gewürze im Mörser etwas zerkleinern und mit den anderen Zutaten mischen. Das Fleisch einlegen und mindestens 24 Stunden marinieren lassen.

Olivenöl kann auch durch gutes Sonnenblumenöl ersetzt werden.

Eingelegtes Fleisch hält im Kühlschrank ca. 10 Tage.

Zartes Kalbsbries in Weißwein

Vorspeise oder Hauptgericht im Menü
für 4 Personen

Zutaten

500 g Kalbsbries
4–5 Tomaten
1 Bd. Schnittlauch
50 g Butter
2 TL Tomatenmark
etwas Mehl
0,2 l Weißwein
Salz

Zubereitung

Das Kalbsbries waschen, von Fett und Äderchen befreien und über Nacht in kaltes Wasser legen (evtl. das Wasser erneuern).

Die Tomaten einritzen, mit kochendem Wasser überbrühen, häuten und fein würfeln. Den Schnittlauch in feine Röllchen schneiden.

Das Kalbsbries in der heißen Butter goldgelb braten. Warmstellen, das Tomatenmark in der Pfanne verrühren, die Tomatenwürfel und wenig Mehl zugeben und mit Weißwein ablöschen. Zu einer sämigen Sauce reduzieren, salzen und mit dem Kalbsbries anrichten. Zum Garnieren die Schnittlauchröllchen auf das Kalbsbries streuen.

Ein Kartoffelgratin oder evtl. ein Steinpilzragout runden diese Spezialität ab.

Kalbsnieren mit Senfsauce

Hauptgericht für 4 Personen

Zutaten

600 g frische Kalbsnieren
50 g Butter
1 Zwiebel
2 EL mittelscharfer Senf
0,2 l Weißwein
0,2 l Sahne
Salz, Pfeffer aus der Mühle

Zubereitung

Die frischen Kalbsnieren in dünne Scheiben schneiden, mit Salz und Pfeffer aus der Mühle würzen, in der Butter von beiden Seiten knusprig anbraten und warmstellen.
Die Zwiebel schälen, sehr fein schneiden und mit dem Senf in die Pfanne geben. Mit dem Weißwein und der Sahne ablöschen und zu einer sämigen Sauce reduzieren. Die Sauce ebenfalls mit Salz und Pfeffer abschmecken und zusammen mit den Kalbsnieren anrichten.
Blanchierter und in Butter geschwenkter Broccoli und Speckkrusteln (Rezept Seite 148) eignen sich besonders gut als Beilage.

Gepökelte Kalbszunge auf saurem Gemüse

Hauptgericht für 4 Personen

Zutaten

1 gepökelte Kalbszunge
2 Lorbeerblätter
1 Stange Lauch
2 Karotten
3 Zwiebeln
1 Knoblauchzehe
2 Essiggurken
1 Bd. Petersilie
1 Bd. Schnittlauch
1/4 Stange Meerrettich
Salz, Pfeffer aus der Mühle

Zubereitung

Die Kalbszunge kurz unter fließendem Wasser abwaschen und in Salzwasser mit den Lorbeerblättern, einer halben Lauchstange, einer Karotte und einer geschälten Zwiebel 40 Minuten köcheln lassen.
Den restlichen Lauch waschen, die Karotte, die Knoblauchzehe und Zwiebeln schälen und zusammen mit den Essiggurken kleinschneiden. Die Petersilie und den Schnittlauch waschen und kleinhakken.
Von der Kalbszunge die Haut abziehen und den Kochsud abpassieren. Das vorbereitete Gemüse in den Sud geben, noch mal kurz aufkochen lassen und eventuell etwas nachwürzen. Das saure Gemüse auf eine Platte geben und mit der in Scheiben geschnittenen Kalbszunge anrichten. Die gehackten Kräuter und den geriebenen Meerrettich darüberstreuen.
Als Beilage schmecken am besten Salzkartoffeln dazu.

nia Butter (drei Loth [5

ine
wa
ein
die
am
gieß
un
e, n
all

.8 drei Stunden ist fie

Gefüllte Kalbsbrust mit Majoran

Hauptgericht für 4 Personen

Zutaten

1 kleine Kalbsbrust
2 Zwiebeln
2 Bd. Majoran
1 Bd. Petersilie
1 kg Kalbsbrät
1/2 Stangenweißbrot
3 Eier
0,2 l Sahne
Salz, Pfeffer aus der Mühle
Küchenfaden zum Verschließen

Zubereitung

Die Kalbsbrust von den Knorpeln befreien und eine Tasche in das Fleisch schneiden (oder vom Metzger vorbereiten lassen). Die Zwiebeln schälen und mit den gewaschenen Kräutern fein hacken und zum Kalbsbrät geben. Das Weißbrot fein würfeln und zusammen mit den Eiern und der Sahne unter das Kalbsbrät mengen und mit den Gewürzen herzhaft abschmecken. Die Kalbsbrust innen und außen würzen und mit der Masse füllen. Mit dem Küchenfaden zunähen und in einer feuerfesten Form im Backofen bei 220 °C knusprig braun backen. Während des Garens immer wieder mit etwas Wasser übergießen.
Zu dieser köstlichen Hauptspeise passen sehr gut Kartoffelkrusteln (Rezept Seite 148).

Herzhafter Kalbsrahmbraten

Hauptgericht für 4 Personen

Zutaten

1,2 kg Kalbsschulter
2 kleine Zwiebeln
3 Knoblauchzehen
200 g Speck
1 kleiner Weißkrautkopf
1 Bd. Thymian
Salz, Pfeffer aus der Mühle
0,5 l Weißwein
Öl zum Anbraten

Zubereitung

Die Kalbsschulter von den Sehnen befreien und würzen. Das Öl in einer Kasserolle erhitzen und darin die Kalbsschulter von allen Seiten kräftig anbraten.
In der Zwischenzeit die Zwiebeln und Knoblauchzehen schälen und zusammen mit dem Speck in gleichgroße Würfel schneiden. Vom Weißkraut den Strunk und die braunen Blätter entfernen und das Kraut in 2 cm breite Streifen schneiden. Den Thymian waschen und fein hacken.
Das Fleisch aus der Kasserolle nehmen und auf eine Platte legen. In der Kasserolle den Speck mit dem Knoblauch, den Zwiebeln, dem Thymian und dem Weißkraut anschwitzen. Mit etwas Salz würzen und mit dem gesamten Weißwein ablöschen. Das Fleisch auf das Gemüse legen und im Backofen bei 220 °C ca. 65 Minuten backen.
Servieren: Das Gemüse auf eine große Platte geben und mit den Kalbsschulterscheiben anrichten. Den Sud separat zum Fleisch reichen.
Als Beilage passen sehr gut hausgemachte Spätzle.

◁ Gepökelte Kalbszunge auf saurem Gemüse, Rezept S. 87

Kalbsfilet mit Leberpastete

Hauptgericht für 4 Personen

Zutaten

600 g Kalbsfilet
100 g feine Leberpastete
1 kleine Zwiebel
2 Äpfel
50 g Butter
0,2 l Portwein
0,2 l Sahne
Salz, Pfeffer aus der Mühle

Zubereitung

Das Kalbsfilet von den Häutchen befreien und in kleinere Medaillons teilen. Mit einem Kochlöffel jeweils in der Mitte eine Vertiefung eindrücken, mit der Leberpastete füllen und im Kühlschrank eine Stunde durchkühlen lassen.

Die Zwiebel und die Äpfel schälen und in feine Streifen schneiden. Die Butter in einer Pfanne erhitzen, Medaillons würzen, von beiden Seiten kroß anbraten und in eine feuerfeste Form geben. Die Zwiebel- und die Apfelstreifen in der Pfanne anschwitzen, mit dem Portwein und der Sahne ablöschen und zu einer sämigen Sauce reduzieren. Über die Medaillons gießen und im Backofen bei 180 °C ca. 13 Minuten ziehen lassen.

Beilage: Spätzle.

Kalbslende mit gebeizter Forelle

Hauptgericht für 4 Personen

Zutaten

750 g Kalbslende
100 g gebeizte Forelle
1 Bd. grüner Spargel
500 g neue Kartoffeln
50 g frische Morcheln
1 Bd. Schnittlauch
50 g Butter
2 EL Cognac
0,3 l Sahne
Salz, Pfeffer aus der Mühle

Zubereitung

Die Kalbslende in vier Portionen teilen, mit Salz und Pfeffer aus der Mühle würzen. Die gebeizte Forelle in feine Scheiben schneiden. Die Kartoffeln und den Spargel schälen und beides getrennt in Salzwasser bißfest garen. Die Morcheln in Wasser einlegen und vorsichtig säubern. Den Schnittlauch in feine Röllchen schneiden.

Die Butter in einer Pfanne erhitzen, darin die Kalbslendenscheiben von beiden Seiten kräftig anbraten und warmstellen. Die Morcheln und den Spargel in der Butter schwenken, mit dem Cognac ablöschen und kurz flambieren. Sofort mit der Sahne begießen und zu einer sämigen Sauce einkochen lassen.

Die Fleischscheiben auf Tellern anrichten, mit je einer Scheibe der Forelle und zwei Spargelspitzen garnieren. Mit der Morchel-Spargel-Sauce und den neuen Kartoffeln anrichten. Die Kartoffeln mit den Schnittlauchröllchen bestreuen und sofort servieren.
Siehe Abbildung auf der Titelseite.

wiebel fein gewiegt, ein n

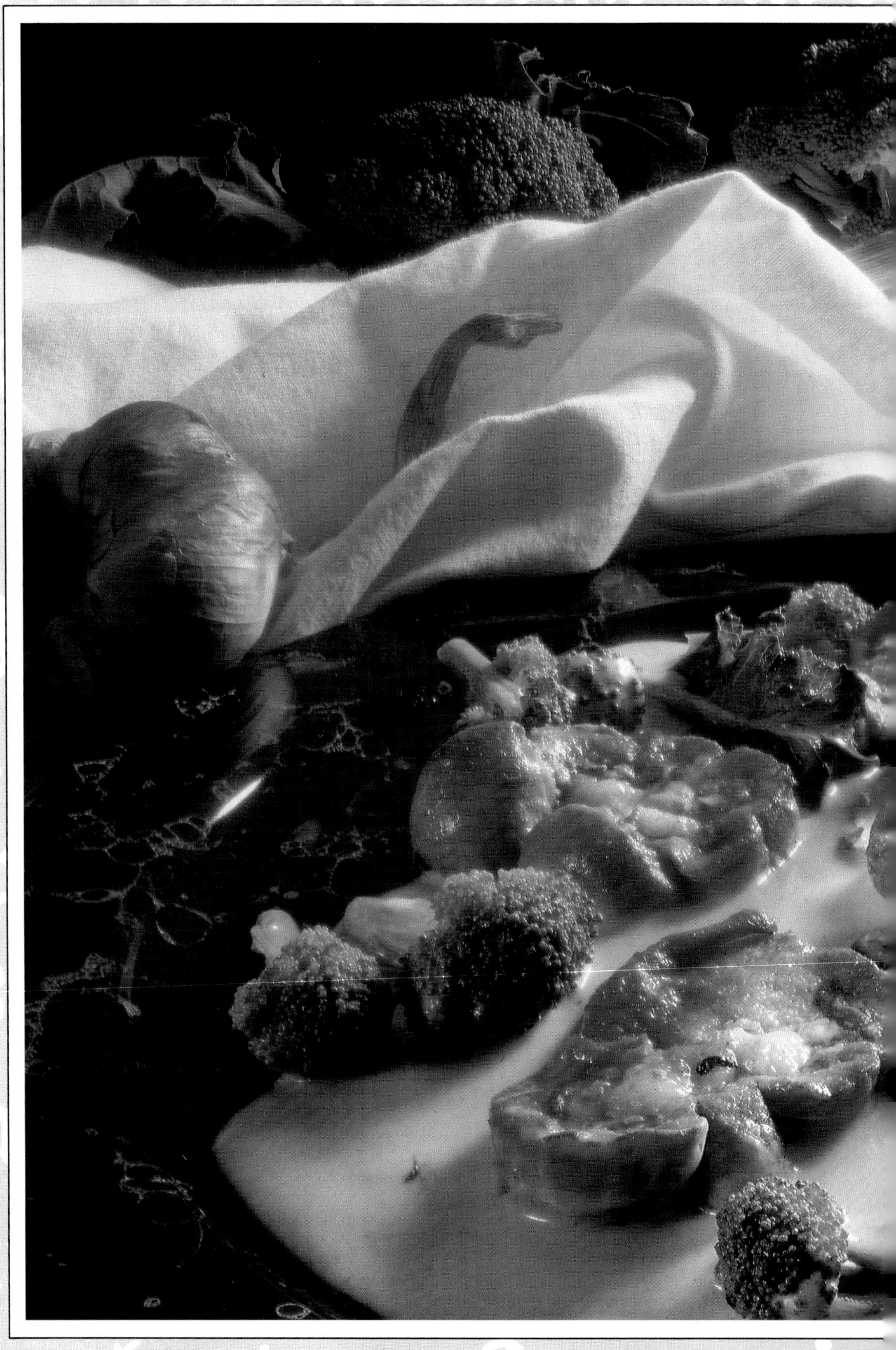

h ausbrate. In zwei

nia Butter (drei Loth [52

ine
was
ei
die
am
gieß
un
e, n
all

s8 drei Stunden ist sie

Kaninchenrücken auf Tomaten

Vorspeise für 4 Personen

Zutaten

4 Kaninchenrücken
6–8 Tomaten
1 Bd. Majoran
1 kleine Zwiebel
2 Knoblauchzehen
0,2 l Weißwein
Salz, Pfeffer aus der Mühle
Öl zum Braten

Zubereitung

Die Kaninchenrücken vom Knochen lösen, mit Salz und Pfeffer würzen, in einer Pfanne mit etwas Öl rosa braten und warmstellen.
Die Tomaten am Stielansatz einritzen, mit kochendem Wasser überbrühen, schälen, entkernen und fein würfeln. Den Majoran waschen und kleinhakken. Die Zwiebel und die Knoblauchzehen schälen und ebenfalls kleinschneiden.
Die Zutaten in die Pfanne geben, mit dem Weißwein ablöschen und ca. 8 Minuten sanft kochen lassen.
Die Sauce mit den Gewürzen abschmecken, auf Tellern verteilen und darauf die Kaninchenrücken anrichten. Beilage: Weißbrot.

Kaninchenkeulen mit Birnen

Hauptgang im Menü oder kleines Abendessen für 4 Personen

Zutaten

4 kleine Kaninchenkeulen
1 TL Senf
0,1 l Sahne
0,2 l Wildbouillon, Seite 31
4 reife Birnen
4 EL Johannisbeergelee
Salz, Pfeffer aus der Mühle
Öl zum Anbraten

Zubereitung

Die Kaninchenkeulen mit dem Senf einreiben und mit Salz und Pfeffer würzen. Das Öl in einer Pfanne erhitzen und darin die Keulen von allen Seiten anbraten. Mit der Sahne und der Wildbouillon ablöschen und im Backofen bei 200 °C ca. 40 Minuten garen.
Die Birnen schälen, entkernen und im Mixer fein pürieren. Die Kaninchenkeulen warmstellen. Das Birnenmark mit dem Johannisbeergelee zu der Sauce geben und etwas einkochen lassen.
Die Keulen auf der Sauce anrichten und sofort servieren. Beilage: Babyromanesco (Seite 152).

◁ Kalbsnieren in Senfsauce, Rezept S. 87

Kaninchenkeulen mit Backpflaumen

Hauptgericht für 4 Personen

Zutaten

300 g Backpflaumen
100 g getrocknete Aprikosen
0,2 l Weißwein
4 kleine Kaninchenkeulen
2 TL Senf
50 g Butter
1 kleine Zwiebel
0,1 l Sahne
Salz, Pfeffer aus der Mühle
1 Bd. Petersilie

Zubereitung

Die Backpflaumen entsteinen, mit den Aprikosen fein würfeln und im Weißwein einweichen.
Die Kaninchenkeulen mit Salz, Pfeffer und Senf einreiben und in der erhitzten Butter von beiden Seiten anbraten. Die geschälte und kleingeschnittene Zwiebel und die Trockenfrüchte zugeben, mit dem Weißwein und der Sahne ablöschen. Im Backofen bei 210 °C ca. 50 Minuten backen und sofort servieren. Mit der gehackten Petersilie bestreuen. Beilage: Rahmkartoffeln.

Hase in Pfeffer

Hauptgericht für 4 Personen

Zutaten

1 Stallhase
1 Bd. Stangensellerie
3 Karotten
2 Stangen Lauch
3 Zwiebeln
2 Knoblauchzehen
2 Bd. Petersilie
0,4 l Rotwein
Salz
grob geschroteter Pfeffer

Zubereitung

Den ausgenommenen und abgezogenen Stallhasen mit Salz und viel grobem Pfeffer einreiben.
In einer Kasserolle etwas Wasser zum Kochen bringen, den Stallhasen einlegen und in den Backofen schieben. Bei 220 °C ca. 75 Minuten braten.
Inzwischen das Gemüse waschen, putzen und kleinschneiden. Zwiebeln und Knoblauchzehen schälen und ebenfalls kleinschneiden.
Petersilie waschen und fein hacken. Nach 35 Minuten Garzeit das Gemüse, die Petersilie und die Zwiebeln zugeben und mit der Hälfte des Rotweins ablöschen. Den restlichen Rotwein nach und nach zugießen.
Den Stallhasen kurz vor dem Anrichten nochmals mit grobem Pfeffer bestreuen und im Ganzen servieren. Das Essen eignet sich ganz besonders für eine große Tafel mit vielen Gästen.
Kartoffelplätzchen und Rosenkohl passen gut als Beilage.

Lammkoteletts mit Kräuter-Senf-Kruste

Hauptgericht für 4 Personen

Zutaten

600 g Lammkoteletts
2 Knoblauchzehen
5 schwarze Pfefferkörner
1 Bd. Rosmarin
1 Bd. Thymian
Olivenöl zum Einlegen
Salz
2 EL Senf

Zubereitung

Die Lammkoteletts falls notwendig in dünne Scheiben schneiden und mit den grob zerkleinerten Knoblauchzehen, den zerdrückten Pfefferkörnern, der Hälfte der Kräuter und dem Öl 1–2 Tage einlegen.
Beim Herausnehmen etwas abtropfen lassen, mit dem Salz und dem Senf würzen. In einer erhitzten Pfanne von beiden Seiten kroß braten, mit den restlichen Kräutern bestreuen. Das Fleisch sollte beim Servieren noch rosa sein.
Die Koteletts schmecken sehr gut zu Kartoffelbrei oder Steinpilzragout.

Feuertopf

Hauptgericht für 4 Personen

Zutaten

600 g Lammschulter
2 rote Paprikaschoten
2 grüne Paprikaschoten
3 Tomaten
2 Zwiebeln
2 Knoblauchzehen
2 grüne Peperoni
1 rote Chilischote
1 Dose geschälte Tomaten, etwas zerkleinert
0,2 l Rotwein
evtl. Chilipulver und Cayenne-Pfeffer

Zubereitung

Die Lammschulter in 2 cm große Würfel schneiden, mit den Gewürzen einreiben und beiseite stellen.
Die Paprikaschoten halbieren, entkernen und zusammen mit den Tomaten würfeln. Die Zwiebeln und die Knoblauchzehen schälen und mit den Peperonis und der Chilischote sehr fein hacken. Das Lammfleisch in einer heißen Kasserolle mit etwas Öl scharf anbraten und nach und nach die anderen Zutaten zugeben. Mit den Tomaten aus der Dose und dem Portwein ablöschen und zugedeckt bei schwacher Hitze 40 Minuten sanft kochen lassen. Mit den Gewürzen abschmecken und je nach Geschmack den Feuertopf mit Chilipulver und Cayenne-Pfeffer noch kräftiger würzen.
Ein dunkel gebackenes Bauernbrot und Tomatensalat sind herrliche Beilagen.

Saure Schweinsnieren mit Kräutern

Hauptgericht für 4 Personen

Zutaten

500 g frische Schweinsnieren
1 kleine Zwiebel
1 Bd. Petersilie
50 g Kerbel
50 g Butter
1 EL Essig
0,2 l Fleischsauce
0,1 l Sahne
Salz, Pfeffer aus der Mühle

Zubereitung

Die gut gewässerten Schweinsnieren längs halbieren, die weißen Häutchen entfernen und die Nieren in Streifen schneiden. Die Zwiebel schälen und fein hacken. Die Kräuter waschen und ebenfalls kleinschneiden. Die Butter in einer Pfanne erhitzen, darin die Nierenstreifen kroß anbraten und beiseite stellen. Die Zwiebel in der Pfanne anschwitzen, die Kräuter zugeben und mit dem Essig, der Fleischsauce und der Sahne ablöschen. Zu einer sämigen Sauce einkochen. Die Nieren zugeben, mit Salz und Pfeffer würzen und sofort servieren.
Als klassische Beilage passen Bratkartoffeln am besten dazu.

Gekräuterte Schweinshaxe vom Grill

Hauptgericht für 4 Personen

Zutaten

2–3 mittlere Schweinshaxen, à ca. 750 g
4 Knoblauchzehen
1 Bd. Liebstöckel
1 Bd. Majoran
Salz, Pfeffer aus der Mühle

Zubereitung

Die Schweinshaxen mit einem scharfen Messer einritzen. Die Knoblauchzehen schälen und zusammen mit den gewaschenen Kräutern fein hacken. Die Schweinshaxen damit einreiben, würzen und im Kühlschrank 3–4 Stunden durchziehen lassen.
Den Holzkohlengrill vorbereiten und darauf die Schweinshaxen knusprig grillen. Das dauert je nach Größe ca. 45–55 Minuten.
Hierzu schmecken ein gemischter Salat und ein kühles Bier besonders gut.

wiebel fein gewiegt, ein m

getr
chs
schn
ne
nd g
ann
Bähr
was
ha
h u

h ausbrate. In zwei

Uſ
ine
waſ
ein
die
am
gieß
un
e, n
all
fie

Pastinakenbraten

Hauptgericht für 4 Personen

Zutaten

800 g Rinderhackfleisch
2 kleine Zwiebeln
1 Knoblauchzehe
2 Bd. Petersilie
100 g Kerbel
3 Eier
100 g Semmelbrösel
Cayenne-Pfeffer
Salz, Pfeffer
500 g Pastinaken
0,2 l Sahne
1 EL Pernod (Anis)

Zubereitung

Die Zwiebeln und die Knoblauchzehe schälen und fein hacken. Die Kräuter waschen und kleinschneiden. Das Hackfleisch mit den Eiern, den Zwiebeln, der Knoblauchzehe und den Semmelbröseln mischen und mit den Gewürzen abschmecken. Zu einem Braten formen und im Backofen bei 215 °C ca. 50–60 Minuten garen.

Inzwischen die Pastinaken schälen, kleinschneiden und in Salzwasser weichkochen. Abtropfen lassen und mit der Sahne und dem Pernod im Mixer fein pürieren, bis eine feste Creme entsteht. Die Creme kurz vor dem Anrichten mit einem Spritzbeutel auf den Braten dressieren. Im Backofen bei 230 °C überkrusten lassen und sofort servieren.

Beilage: Kräuternudeln (Seite 144).

Kohlpudding mit Kümmel

Hauptgericht für 4 Personen

Zutaten

750 g Rinderhack
2 Semmeln
2 Eier
2 kleine Zwiebeln
1 Knoblauchzehe
1 Bd. Majoran
Cayenne-Pfeffer
Salz, Pfeffer aus der Mühle
$1/2$ TL Curry

1 Weißkohlkopf
Kümmel
etwas Öl
Guglhupfform

Zubereitung

Die Semmeln in kaltem Wasser einweichen. Die Zwiebeln und die Knoblauchzehe schälen und fein schneiden. Den Majoran waschen und kleinhakken.

Die Semmeln ausdrücken und zusammen mit den übrigen Zutaten und dem Hackfleisch gut vermengen und im Kühlschrank durchkühlen lassen.

Den Weißkohlkopf vom Strunk befreien und große Blätter davon lösen. Diese in kochendem Salzwasser blanchieren und sofort in Eiswasser abschrekken. Die Guglhupfform mit Öl auspinseln, mit den Kohlblättern auslegen und mit dem Kümmel bestreuen. Die Hackfleischmasse einfüllen, etwas andrücken und mit einem Deckel aus Kohlblättern verschließen. Im Backofen bei 210 °C in ca. 50–60 Minuten garen.

Zu dieser klassischen Hauptspeise schmeckt am besten grüner Salat.

◁ Kohlpudding mit Kümmel, Rezept S. 100

Kernige Kräuterrouladen

Hauptgericht für 4 Personen

Zutaten

4 große Rindsrouladen
1 kleine Zwiebel
2 Bd. Petersilie
1 Bd. Schnittlauch
120 g Walnußkerne
80 g Sonnenblumenkerne
2 Eier
Saft einer halben Zitrone
Salz, Pfeffer aus der Mühle
0,1 l Weißwein
0,3 l Fleischbouillon
Öl zum Anbraten

Zubereitung

Die Rouladen mit Pfeffer und Salz würzen. Die Zwiebel schälen und mit der gewaschenen Petersilie und dem Schnittlauch grob zerkleinern. Die Walnüsse, die Sonnenblumenkerne, die Kräuter, die Zwiebeln und die Eier im Mixer fein pürieren. Mit dem Zitronensaft und den Gewürzen abschmecken und dünn auf die gewürzten Rindsrouladen aufstreichen. Das Fleisch zusammenrollen und mit einem Zahnstocher feststecken. Das Öl in einer Pfanne erhitzen, die Rouladen von allen Seiten kurz anbraten, mit der Flüssigkeit ablöschen und ca. 55 Minuten bei schwacher Hitze weichdünsten.

Die Rouladen mit dem Sud auf eine Platte geben und sofort servieren.

Beilage: Breznknödel (Rezept Seite 145).

Rinderfilet in Teigsäckchen

Hauptgang im Menü für 4 Personen

Zutaten

750 g Rinderfilet
1 kleine Zwiebel
200 g Shiitake Pilze
2 Frühlingszwiebeln
50 g Butter
0,1 l Sherry
300 g Blätterteig
Salz, Pfeffer
2 Eigelb

Zubereitung

Das Rinderfilet von den Sehnen befreien und in 8 kleine Medaillons schneiden. Mit Salz und Pfeffer würzen und in etwas Öl von beiden Seiten anbraten.

Die Zwiebel schälen und sehr fein würfeln. Die Shiitake Pilze mit einem Küchentuch abreiben und halbieren. Die Frühlingszwiebeln mit dem Grün in feine Ringe schneiden. Die Butter erhitzen und darin die Pilze mit dem Gemüse anbraten. Mit dem Sherry ablöschen und so lange köcheln lassen, bis die Flüssigkeit verdampft ist. Das Fleisch und das Gemüse beseite stellen und abkühlen lassen.

Den Blätterteig dünn auswellen und runde Platten von ca. 16 cm Durchmesser ausstechen. Die Filetscheiben in die Mitte der Teigplatten setzen, das Gemüse daraufhäufeln, den Teig zu einem Säckchen formen und oben zusammendrücken. Mit dem verrührten Eigelb bepinseln und im Backofen bei 210 °C in 25 Minuten goldgelb backen. Sofort servieren.

Die Rinderfiletsäckchen sind auch kalt eine wahre Delikatesse.

Beilage: feine Blattsalate.

wiebel fein gewiegt, ein

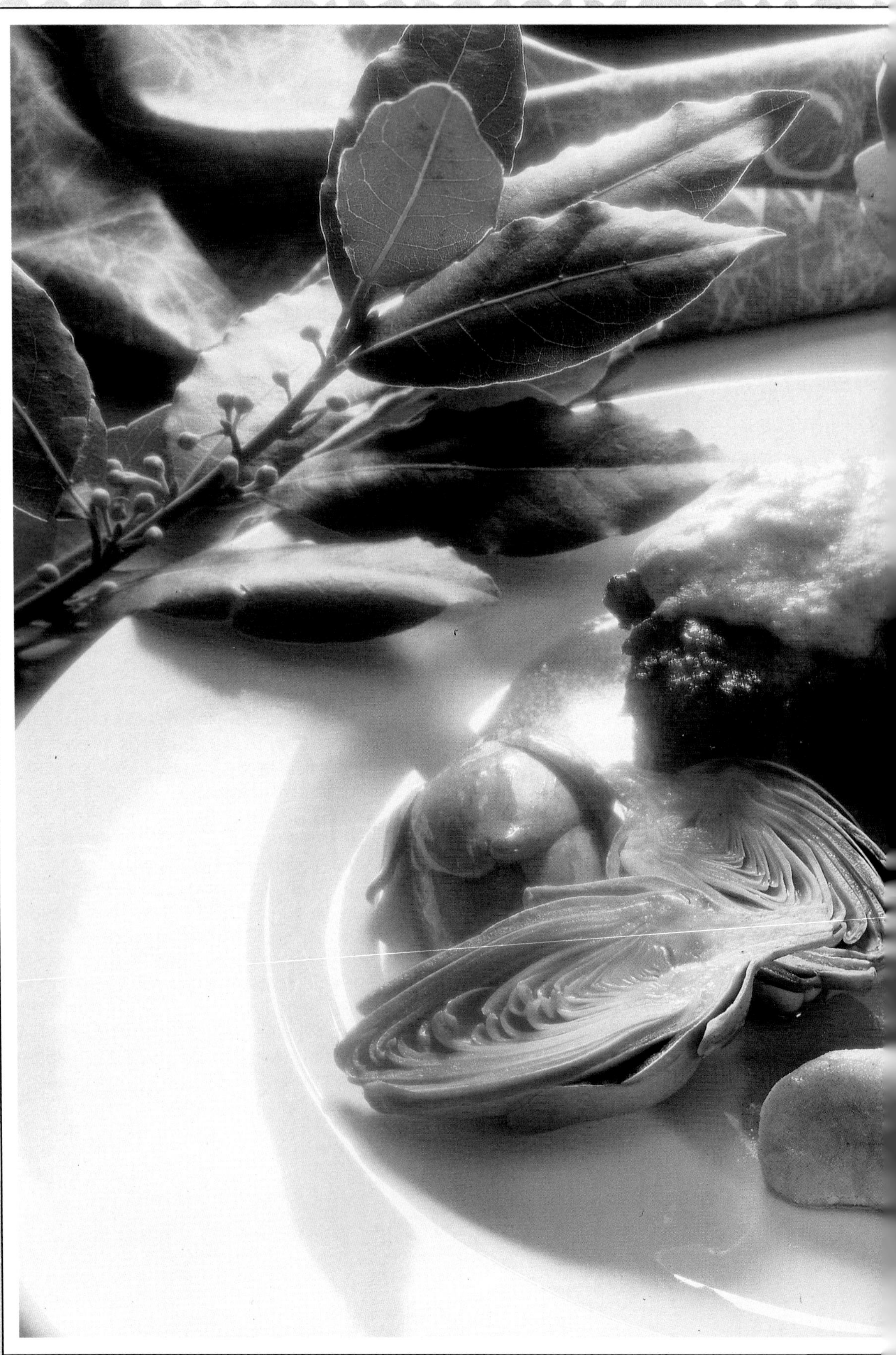

ausbrate. In zwei

nig Butter (drei Loth [5

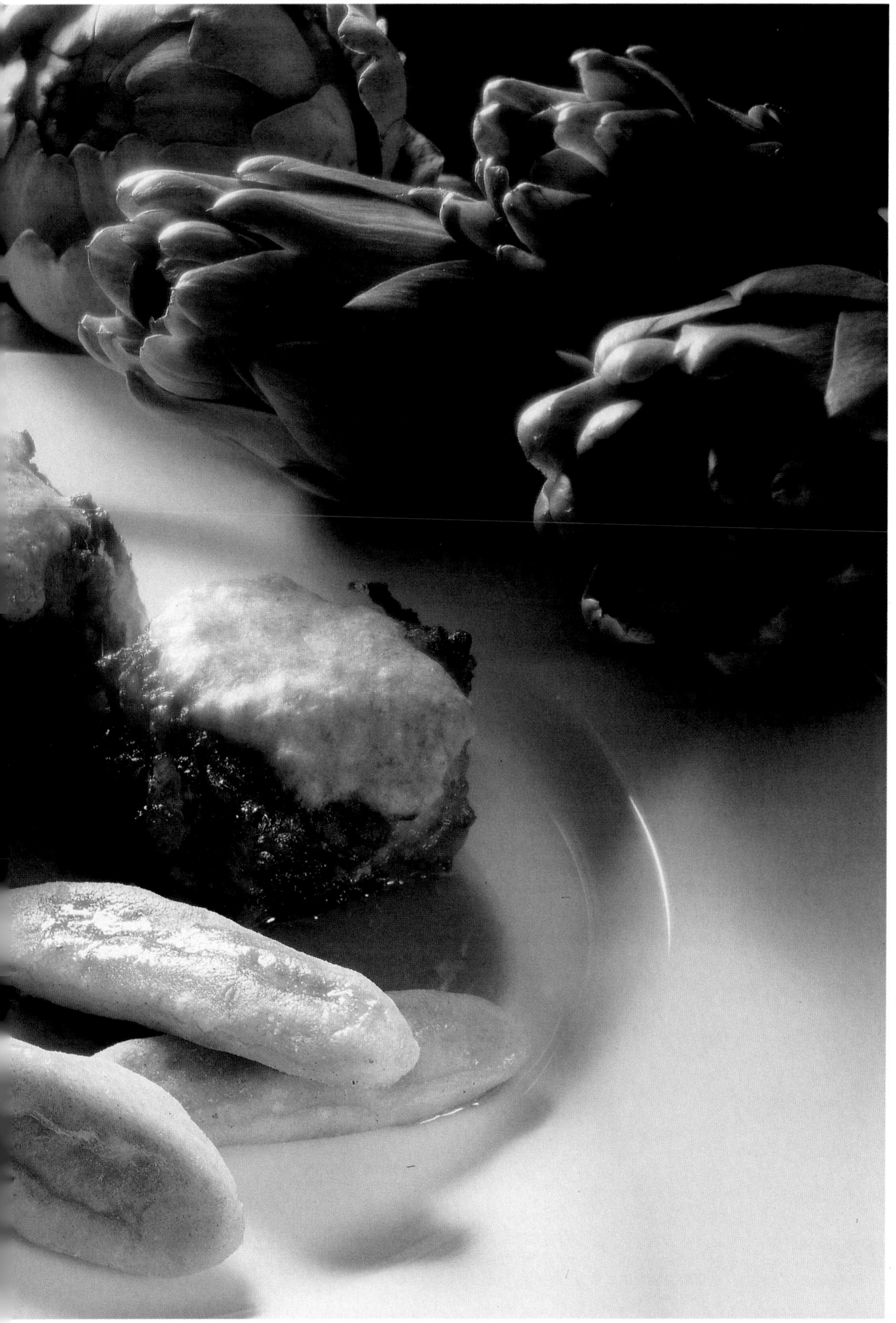

is drei Stunden ist sie

Geräucherte Rinderbrust mit Fenchelgemüse

Hauptgericht für 4 Personen

Zutaten

1 kg geräucherte Rinderbrust
1 Karotte
1 Stange Lauch
1/2 Sellerieknolle
1 Lorbeerblatt
3 Pfefferkörner
Salz
4 Fenchelknollen
4 kleine Kartoffeln

Zubereitung

Die Rinderbrust rasch abwaschen und mit genügend Salzwasser zum Kochen bringen. Die Karotte schälen, den Lauch waschen, kleinschneiden und zusammen mit den Gewürzen zu der Rinderbrust geben. Auf kleiner Flamme köcheln lassen, bis die Brust schön zart ist.
Die Fenchelknollen der Länge nach halbieren, den Strunk ausschneiden und das Gemüse in feine Streifen schneiden. Die Kartoffeln schälen und in Scheiben schneiden.
Das Wurzelgemüse aus dem Bouillon nehmen und den Fenchel und die Kartoffelscheiben hineingeben und in ca. 8 Minuten bißfest garen.
Die Rinderbrust in Scheiben schneiden und mit dem Fenchel- und Kartoffelgemüse anrichten.

Gefüllter Ochsenschwanz mit Mark und Kräutern

Hauptgericht für 4 Personen

Zutaten

500 g Rindermarkknochen
1 kg Ochsenschwanzmittelstücke
1 Ei
1/2 Bd. Liebstöckel
2 Bd. Petersilie
50 g Semmelbrösel
0,2 l Rotwein
etwas Fleischsauce
Salz, Pfeffer aus der Mühle
Küchengarn

Zubereitung

Die Knochen über Nacht in kaltes Wasser legen, anschließend das Mark herausdrücken. Das Ei in einer Schüssel etwas verrühren, mit den gewaschenen, fein gehackten Kräutern und den Semmelbröseln vermengen und mit Salz abschmecken. Das Mark durch ein Sieb streichen, zu der Kräuter-Ei-Masse geben und gut verrühren.
Die Ochsenschwanzstücke mit einem scharfen Messer entbeinen, das Fleisch würzen und in einer Pfanne von beiden Seiten kroß anbraten. Abkühlen lassen und die Kräutermasse einfüllen. Mit Küchengarn umwickeln und dicht in eine feuerfeste Form legen. Im Backofen bei 220 °C ca. 45 Minuten backen lassen. Hin und wieder mit dem Rotwein und der Fleischsauce ablöschen, bis die Ochsenschwänze schön knusprig sind.
Als Gemüsebeilage passen in Olivenöl gebackene Babyartischocken und Fingernudeln (Bubaspätzle) dazu (Rezept Seite 149).

◁ Gefüllter Ochsenschwanz mit Mark und Kräutern, Rezept S. 104

Sauerbraten in Rosé

Hauptgericht für 4 Personen

Zutaten

1 kg Rinderschmorbraten
2 Karotten
1 Stange Lauch
1 Bd. Rosmarin
2 Lorbeerblätter
6 Pfefferkörner
$3/4$ l Weißherbst
$1/2$ l Wasser
Salz

2 Zucchini
4–5 Tomaten
Öl zum Anbraten

Zubereitung

Den Rinderschmorbraten von den Flechsen befreien und zusammen mit den kleingeschnittenen Karotten dem Lauch, den Gewürzen, dem Wein und dem Wasser 24 Stunden marinieren.

Mit Küchenkrepp abtrocknen und in einer Kasserolle von allen Seiten in Öl anbraten. Mit der Marinade ablöschen und im Backofen bei 210 °C in ca. 65 Minuten garen lassen. Immer wieder mit der Marinade ablöschen.

Die Zucchinis und die Tomaten kleinschneiden.

Die Sauce abpassieren, und in den letzten 15 Minuten der Garzeit das Gemüse zu dem Sauerbraten geben.

Den Braten in Scheiben schneiden und zusammen mit dem Gemüse anrichten. Die Sauce nach Bedarf noch etwas andicken.

Hausgemachte Spätzle sind eine herrliche Beilage.

Spanferkel in dunklem Bier

Hauptgericht für 4 Personen

Zutaten

1 kg Spanferkelrücken
2 Knoblauchzehen
1 Bd. Thymian
1 Bd. Liebstöckel
grüner Pfeffer
1 TL Kümmel
Salz, Pfeffer aus der Mühle
0,5 l dunkles Bier

Zubereitung

Den Spanferkelrücken mit einem scharfen Messer einritzen und mit Salz und Pfeffer würzen. Die Knoblauchzehen schälen und zusammen mit den restlichen Zutaten im Mörser fein zermusen. Das Spanferkel im Backofen bei 220 °C ca. 1 bis 1½ Stunden backen. Nach 25 Minuten die Kräuterpaste auf dem Rücken verteilen. Das Spanferkel weiter überkrusten lassen und hin und wieder mit dem dunklen Bier ablöschen. Ist die Kruste schön rösch, das restliche Bier zugeben.

Im Ganzen oder in Scheiben auf einer Platte anrichten und sofort servieren. Dazu paßt ein »nasser« Kartoffelsalat oder Breznknödel (Seite 145).

Dieser Spanferkelbraten schmeckt kalt ebenso köstlich.

wiebel fein gewiegt, ein

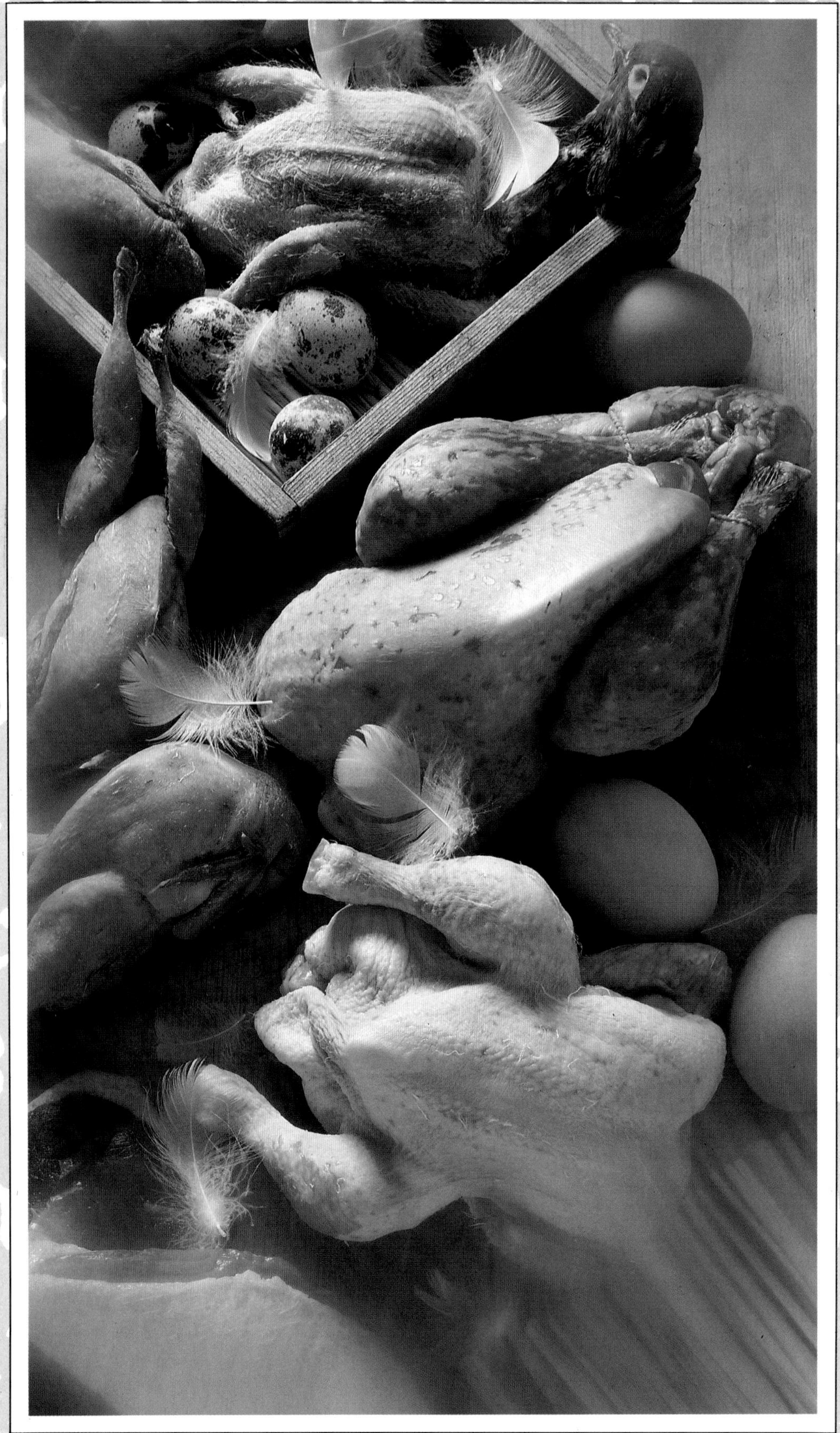

h ausbrate. In zwei

Geflügelgerichte

Geflügel sollte frisch sein und nicht tiefgefroren. Über Geschmack und Qualität des Fleisches entscheidet die Art der Fütterung: Ein Hähnchen, das Körner picken und sich ein bißchen frei bewegen durfte, schmeckt einfach besser als eines aus einer großen Geflügelfarm.

Das Fleisch vom lieben Federvieh läßt sich sehr vielfältig zubereiten. Gekocht, gebraten, gegrillt, kalt oder warm, sogar im Salat sind seinen Zubereitungsarten fast keine Grenzen gesetzt.

Kinder mögen es am liebsten gebraten – wegen seiner knusprigen Haut. Kalorienbewußte bevorzugen das schiere Fleisch, weil es fast fettlos ist und deshalb auch zu einer Diät paßt. Und sogar Leute, die am Fleischgenuß wenig Anziehendes finden, machen bei Geflügel schon einmal eine Ausnahme.

Geflügel ist viel mehr als Hühnchen und Hähnchen. Neben dem Großgeflügel gehören dazu noch Stubenküken, Wachtel und Tauben. Auf gut sortierten Wochenmärkten findet man diese kleinen Vögel häufig im Angebot, auch in anspruchsvoll geführten Metzgerläden. Sie müssen also nicht unbedingt in ein Restaurant gehen, um diese Delikatessen zu probieren. Machen Sie sich selbst ans Werk und beginnen Sie einfach einmal mit dem Stubenküken. Und wenn es Ihnen Spaß gemacht hat, erweitern Sie Ihr »Feine-Küchen-Repertoire« um Wachtel und Täubchen.

In der Tat, die Vielfalt an Geflügel ist viel zu aufregend, als daß man immer nur Grillhähnchen essen sollte!

Gefülltes Hähnchen

Vorspeise für 4 Personen

Zutaten

1 Hähnchen
150 g Hühnerleber
1 kleine Zwiebel
1 Tomate
2 Bd. Schnittlauch
50 g Butter
2 EL Portwein
2 Eier
Salz, Pfeffer

Zubereitung

Das Hähnchen von der Rückenseite her entbeinen und auch die Knochen der Schenkel entfernen. Das Fleisch mit Salz und Pfeffer würzen.
Die Hühnerlebern von Häutchen und Sehnen befreien. Die Zwiebel schälen und zusammen mit der Tomate fein würfeln. Den Schnittlauch in feine Ringe schneiden. Die Butter in einer Pfanne erhitzen und nacheinander die Zutaten – bis auf die Eier – darin anbraten. Mit dem Portwein ablöschen und erkalten lassen. Jetzt die Eier zugeben, mit Salz und Pfeffer würzen und das Hähnchen damit füllen. Mit Zahnstochern verschließen und im Backofen bei 210 °C goldbraun knusprig braten.
Vor dem Servieren die Zahnstocher entfernen.
Beilage: Salate.
Dieses gefüllte Hähnchen eignet sich auch besonders für kleine Buffets und läßt sich sehr gut schon am Tag zuvor zubereiten.

Brathähnchen in Weißherbst

Vorspeise für 4 Personen

Zutaten

1 großes Brathähnchen
150 g Egerlinge
2 Zwiebeln
100 g durchwachsener Speck
1 Bd. Thymian
1 Bd. Majoran
grobes Salz
geschroteter Pfeffer
0,5 l Weißherbst

Zubereitung

Das Brathähnchen in Brust, Keulen und Flügel teilen und mit Pfeffer und Salz würzen. In einer feuerfesten Form etwas Öl erhitzen, darin die Hähnchenteile kurz anbraten und anschließend im Backofen bei 220 °C 15 Minuten backen lassen.
In der Zwischenzeit die Champignons waschen und halbieren. Die Zwiebeln schälen, grob würfeln, den Speck ebenso grob schneiden. Den Thymian und den Majoran fein hacken. Mit den braun gebratenen Hähnchenteilen vermischen, mit den Kräutern bestreuen und mit dem Weißherbst ablöschen. Nochmals im Backofen bei gleicher Temperatur 25 Minuten backen lassen. Mit Salz und Pfeffer abschmecken.
Beilage: ein knackiger Salat.

Gefüllte Hühnerbrust auf Mungobohnengemüse

Hauptgericht für 4 Personen

Zutaten

4 Hühnerbrüste
100 g Hühnerleber
1 kleine Zwiebel
1 Bd. Basilikum
1 EL Butter
Salz, Pfeffer aus der Mühle
0,1 l Sahne
0,1 l Weißwein
1 kleine Zucchini
2 Tomaten
200 g Mungobohnen
1 EL Butter

Zubereitung

Die Hühnerbrüste von der Längsseite her einschneiden, mit Salz und Pfeffer würzen und beiseite stellen.

In der Zwischenzeit die Hühnerleber von den Sehnen befreien und fein würfeln. Die Zwiebel schälen und ebenfalls fein würfeln. Das Basilikum waschen und in dünne Streifen schneiden. Die Butter in einer Pfanne erhitzen und nacheinander Zwiebeln, Hühnerleber und Basilikumstreifen andünsten und anschließend die Hühnerbrüste damit füllen.

In einer größeren Pfanne etwas Butter erhitzen und die gefüllten Hühnerbrüste darin von beiden Seiten kräftig anbraten. Mit Sahne und Weißwein ablöschen und im vorgeheizten Backofen (200 °C) ca. 20 Minuten sautieren.

Während die Hühnerbrüstchen garen, die Zucchini und Tomaten in Rauten schneiden. Das Gemüse mit den Mungobohnen in einer Pfanne mit etwas Butter weichdünsten, mit Salz und Pfeffer aus der Mühle abschmecken und auf Tellern anrichten. Die knusprigen Hühnerbrüste in dünne Scheiben schneiden und auf dem Mungobohnengemüse anrichten. Mit der Weißweinsauce knapp bedecken.
Beilage: Nudeln.

Gefüllte Hühnerkeule

Hauptgericht für 4 Personen

Zutaten

4 große Hühnerkeulen
3 Karotten
1 Stange Lauch
1 Zwiebel
50 g Butter
1 Bd. Petersilie
2 Eier
7–8 Schweinenetze (beim Metzger vorbestellen)
Salz, Pfeffer
0,1 l Weißwein
0,2 l Sahne

Zubereitung

Das Fleisch der Hühnerkeulen vom Knochen lösen und eine Tasche in das Fleisch schneiden. Die Gemüse waschen, schälen und sehr fein hacken. Mit der Butter und der gehackten Petersilie in einer Pfanne erhitzen und erkalten lassen.

Die Eier untermischen, mit den Gewürzen abschmecken und in die aufgeschnittenen Keulen füllen. Mit den Schweinenetzen umschließen und im Backofen bei 210 °C in 35 Minuten garen. Während des Backens immer wieder mit Weißwein ablöschen und kurz vor dem Servieren die Sahne unterrühren.
Beilage: Tomatensalat.

wiebel fein gewiegt, ein

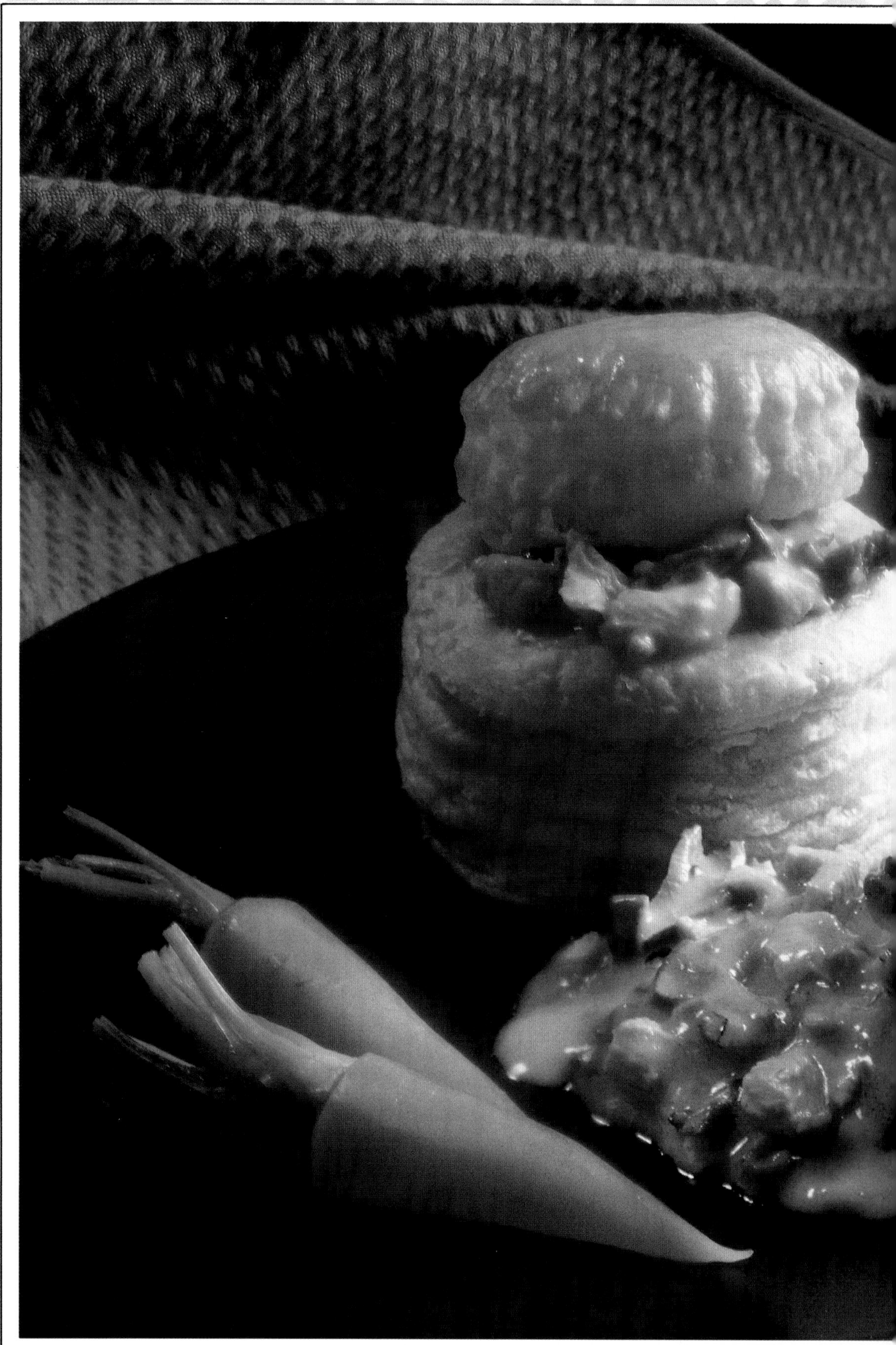

h ausbrate. In zwei

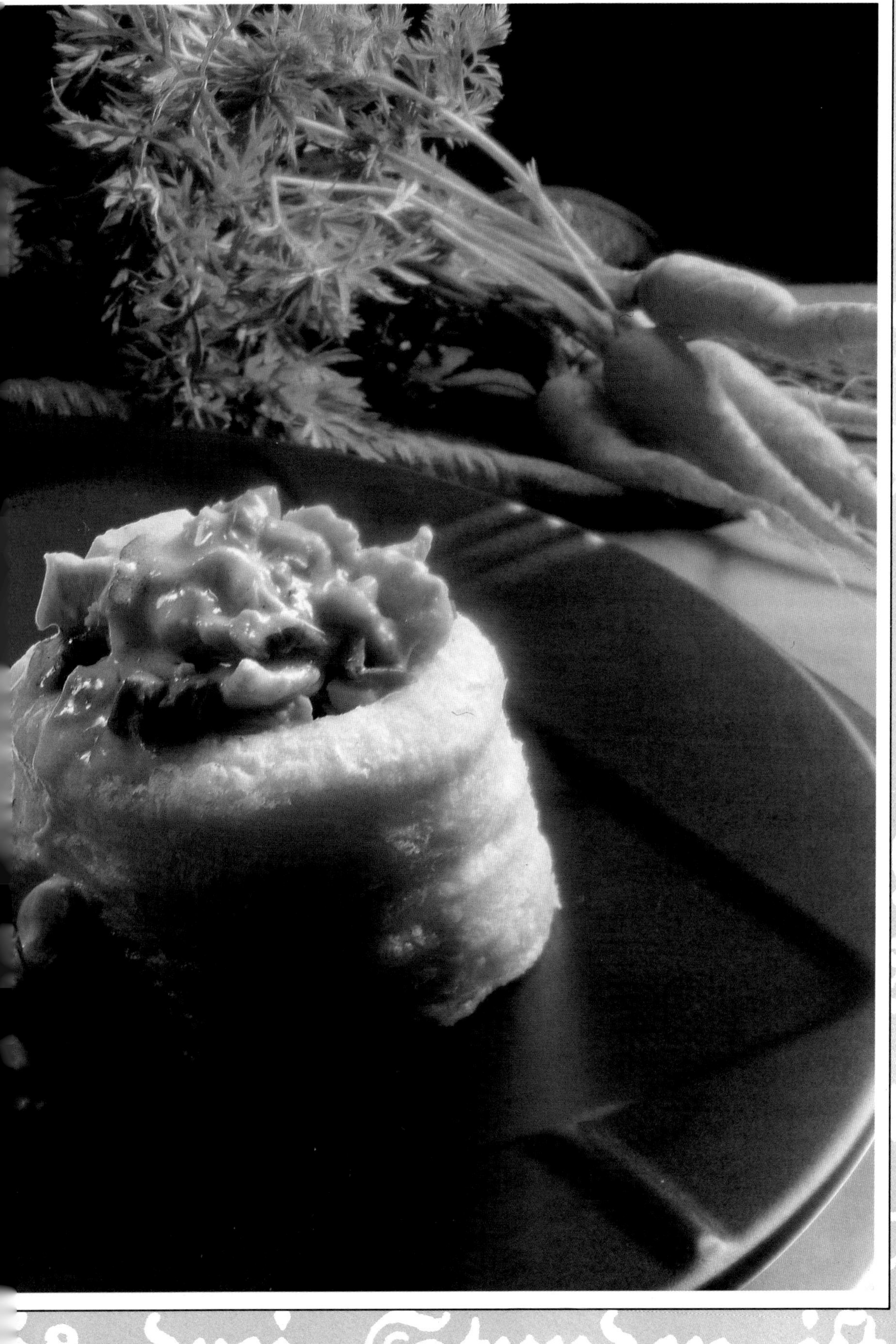

Hühnerfrikassee in Pastetchen

Vorspeise für 4 Personen

Zutaten

1 Suppenhuhn
1 Karotte
1/2 Lauchstange
1 Lorbeerblatt
3 Pfefferkörner
2 EL Butter
1 EL Mehl
0,2 l Sahne
0,2 l Weißwein
100 g Champignons
2 EL Zitronensaft
Salz, Pfeffer aus der Mühle
4 Pastetchen aus Blätterteig

Zubereitung

Das Suppenhuhn mit den Gemüsen und Gewürzen weichdünsten und etwas erkalten lassen.
Die Butter in einem Topf erhitzen, mit dem Mehl bestäuben und mit der Sahne und dem Weißwein ablöschen. Zu einer sämigen Sauce reduzieren und die in Scheiben geschnittenen Champignons zugeben.
Das Suppenhuhn häuten, das Fleisch von den Knochen lösen und in kleine Würfel schneiden. Zu der Sauce geben und mit Salz, Pfeffer aus der Mühle und Zitronensaft abschmecken. In die Pastetchen füllen und im Backofen bei 220 °C in ca. 10 Minuten erhitzen.
Eine klassische Vorspeise, die man durchaus auch als Hauptgericht essen kann.

Nürnberger Hendl

Hauptgericht für 4 Personen

Zutaten

2 kleine Brathähnchen
4 Weißbrotscheiben
1 Bd. Majoran
300 g Nürnberger Bratwurstbrät
500 g gekochtes Sauerkraut

Zubereitung

Die Brathähnchen küchenfertig vorbereiten.
Die Weißbrotscheiben würfeln, mit dem gehackten Majoran und dem Bratwurstbrät mischen und in die Brathähnchen füllen. Mit Holzspießchen zustecken und im Backofen bei 220 °C goldbraun backen.
Zum Anrichten das Sauerkraut erhitzen und die Brathähnchen daraufsetzen.
Hierzu paßt am besten ein frisch gestampfter Kartoffelbrei.

◁ Hühnerfrikassee in Pastetchen, Rezept siehe oben

Perlhuhneintopf mit grünem Spargel

Zwischengang im Menü für 4 Personen

Zutaten

1 großes Perlhuhn
¹/₂ Stange Lauch
1 Karotte
2 Wacholderbeeren
1 Lorbeerblatt
150 g Austernpilze
2 Bd. grüner Spargel
50 g Butter
0,3 l Sahne
1 Bd. Schnittlauch
Salz, Pfeffer

Zubereitung

Das Perlhuhn in einem Kochtopf mit dem Lauch, der Karotte und den Gewürzen zum Kochen bringen und bei kleiner Flamme so lange köcheln lassen, bis das Fleisch zart ist.

In der Zwischenzeit die Austernpilze abreiben und in dünne Streifen schneiden. Vom Spargel nur das untere Drittel schälen und in drei bis vier Zentimeter große Stücke teilen. Die Butter erhitzen, die Austernpilze darin anbraten, mit der Sahne ablöschen, die Spargelstücke zugeben und darin fünf bis acht Minuten dünsten.

In der Zwischenzeit das Perlhuhn in größere Stücke teilen und zusammen mit dem in feine Röllchen geschnittenen Schnittlauch zu der Sauce geben. Sollte das Ragout zu dickflüssig sein, einfach mit etwas Kochsud verlängern und mit Salz und Pfeffer abschmecken.

Beilage: Mandelreis.

Süße Leber

Vorspeise für 4 Personen

Zutaten

2 säuerliche Äpfel
100 g Butter
30 EL Zucker
4 EL Walnußkerne
500 g Entenleber
0,3 l Süßwein
Salz, Pfeffer aus der Mühle
1 EL Zitronensaft

Zubereitung

Die Äpfel schälen, vom Kerngehäuse befreien und in dünne Scheiben schneiden. Etwas Butter in einer Pfanne erhitzen, darin den Zucker karamelisieren lassen. Die Apfelscheiben und Walnußkerne zugeben und kurz rösten.

In der Zwischenzeit die Sehnen und Häutchen von den Lebern entfernen und die restliche Butter in einer Pfanne schmelzen. Die Lebern darin kurz anbraten und mit dem Süßwein ablöschen. Die Leber sollte noch rosa sein. Mit den karamelisierten Apfelscheiben und Walnüssen anrichten. Eventuell mit dem Zitronensaft beträufeln.

Beilage: frisches Weißbrot.

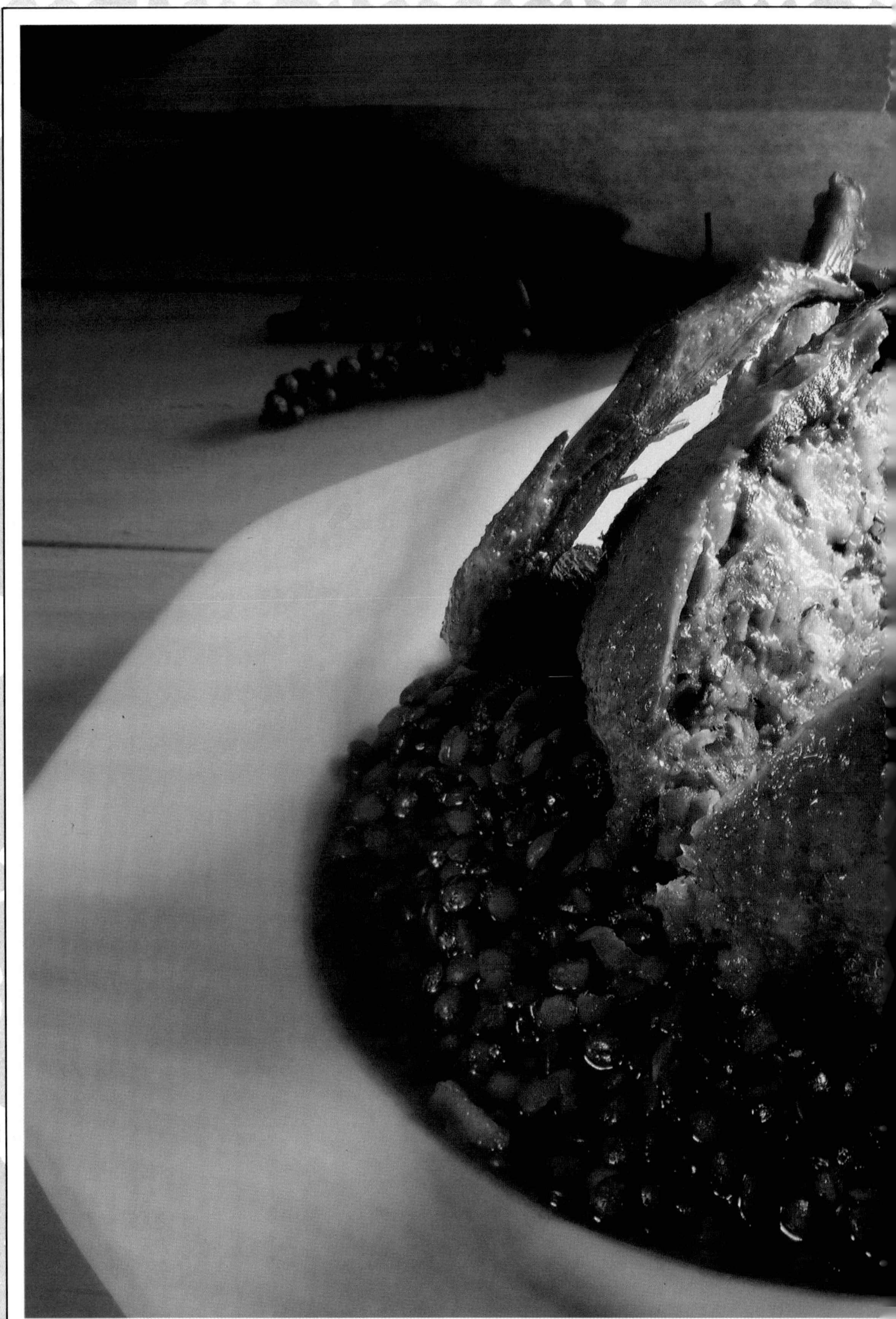

Marinierte Entenbrust

Vorspeise für 4 Personen

Zutaten

2 Entenbrüste
Salz, Pfeffer
4 EL Öl
2 EL rosa Pfeffer
1 EL Koriander
1 TL Pfefferkörner
2 EL Salz
1 TL Zucker
1/2 Bd. Rosmarin

Zubereitung

Die Entenbrüste mit Salz und Pfeffer würzen, in etwas Öl von beiden Seiten rosa braten und sofort abkühlen lassen.
Die Pfefferkörner mit den Korianderkörnern zerdrükken und mit den restlichen Zutaten vermischen. Die Entenbrust darin wenden, mit dem Rosmarin bestreuen und zugedeckt 3–4 Stunden marinieren lassen.
Zum Anrichten in hauchdünne Scheiben schneiden.
Diese Entenbrust paßt am besten zu einem bunten Salat.

Entenscheiben auf Erdartischocken

Hauptgericht für 4 Personen

Zutaten

3 Entenbrüste
2 TL Kräutersenf
2 TL Semmelbrösel
Salz, Pfeffer
350 g kleine Erdartischocken (Topinambur)
0,2 l Geflügelbrühe
Saft einer halben Zitrone
Öl zum Braten

Zubereitung

Den Senf mit den Semmelbröseln vermengen, auf die in Scheiben geschnittenen Entenbrüste streichen und mit Salz und Pfeffer würzen. In einer Pfanne das Öl erhitzen, die Scheiben darin von beiden Seiten zart braten.
Die Erdartischocken nur waschen (das zarte Häutchen kann man mitessen) und in der Geflügelbrühe gar dünsten. Mit Salz und Pfeffer und dem Zitronensaft abschmecken und zu den Entenbrustscheiben reichen.
Beilage: Gemüsekroketten (Seite 160).

◁ Gefüllte Taube auf roten Linsen, Rezept S. 117

Putenbrust mit Kräutern und Obst

Zwischengang im Menü für 4 Personen

Zutaten

1 Putenbrust (500 g)
etwas Öl
1 Bd. Basilikum
150 g Erdbeeren
2 Kiwis
50 g Butter
100 g gehobelte Mandeln
Salz, Pfeffer, Currypulver

Zubereitung

Die Putenbrust in dünne Scheiben schneiden und mit Salz, Pfeffer und Currypulver würzen. Einen halben Bund Basilikum kleinhacken und die Fleischscheiben damit einreiben. Das Öl erhitzen und darin die Scheibchen von beiden Seiten braten.
In der Zwischenzeit die Erdbeeren waschen, die Stiele abschneiden und die Beeren halbieren. Die Kiwis schälen und in feine Scheiben schneiden.
Die Butter und das Obst zum Fleisch geben, mit Mandelblättchen und dem restlichen feingeschnittenen Basilikum bestreuen und im Backofen bei 220 °C kurz überkrusten lassen.
Beilage: Selleriesalat.

Gefüllte Taube auf roten Linsen

Hauptgericht für 4 Personen

Zutaten

4 kleine Tauben
8 Scheiben Weißbrot
1 kleine Zwiebel
2 Stengel Liebstöckel
1 Bd. Petersilie
1 EL grüner Pfeffer
2 Eier

1 Stange Lauch
1 Karotte
50 g Speck
500 g rote Linsen
0,4 l Geflügelbrühe, Seite 30
Salz, Pfeffer

Zubereitung

Die Tauben ausnehmen und würzen. Das Weißbrot würfeln, mit den gehackten Kräutern, der klein geschnittenen Zwiebel, dem grünen Pfeffer und den Eiern vermengen. Die Tauben damit füllen und im Backofen bei 220 °C in ca. 50 Minuten goldbraun backen.
In der Zwischenzeit den Lauch waschen, die Karotte schälen und zusammen mit dem Speck in gleichgroße Würfel schneiden. In einem Topf mit etwas Öl anschwitzen, die roten Linsen und die Bouillon zugeben und die Zutaten weichdünsten. Mit Salz und Pfeffer abschmecken und zu den halbierten Tauben reichen. Beilage: Spätzle oder feine Nudeln.

wiebel fein gewiegt, ein

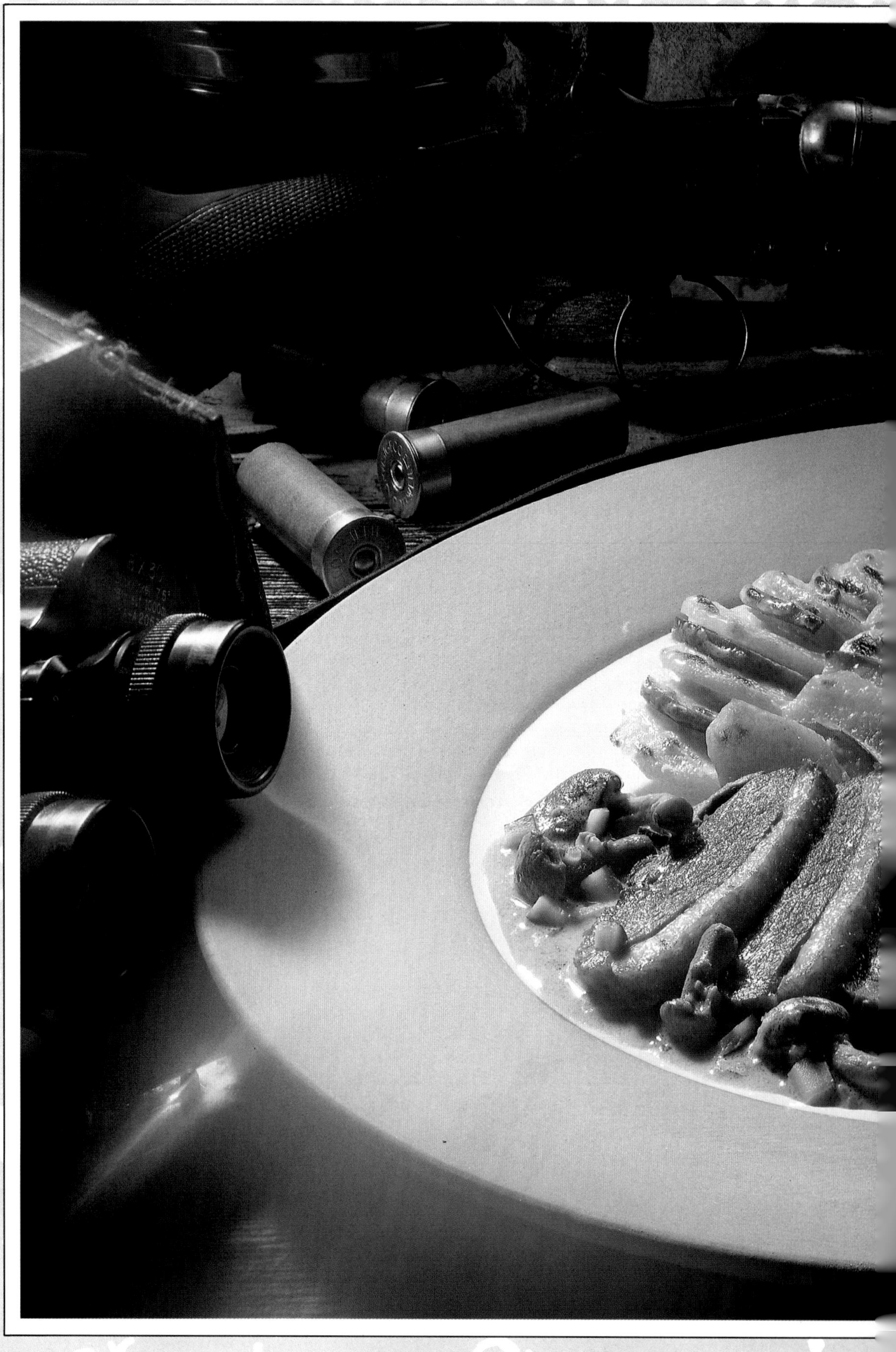

h ausbrate. In zwei

nia Butter (drei Loth [5

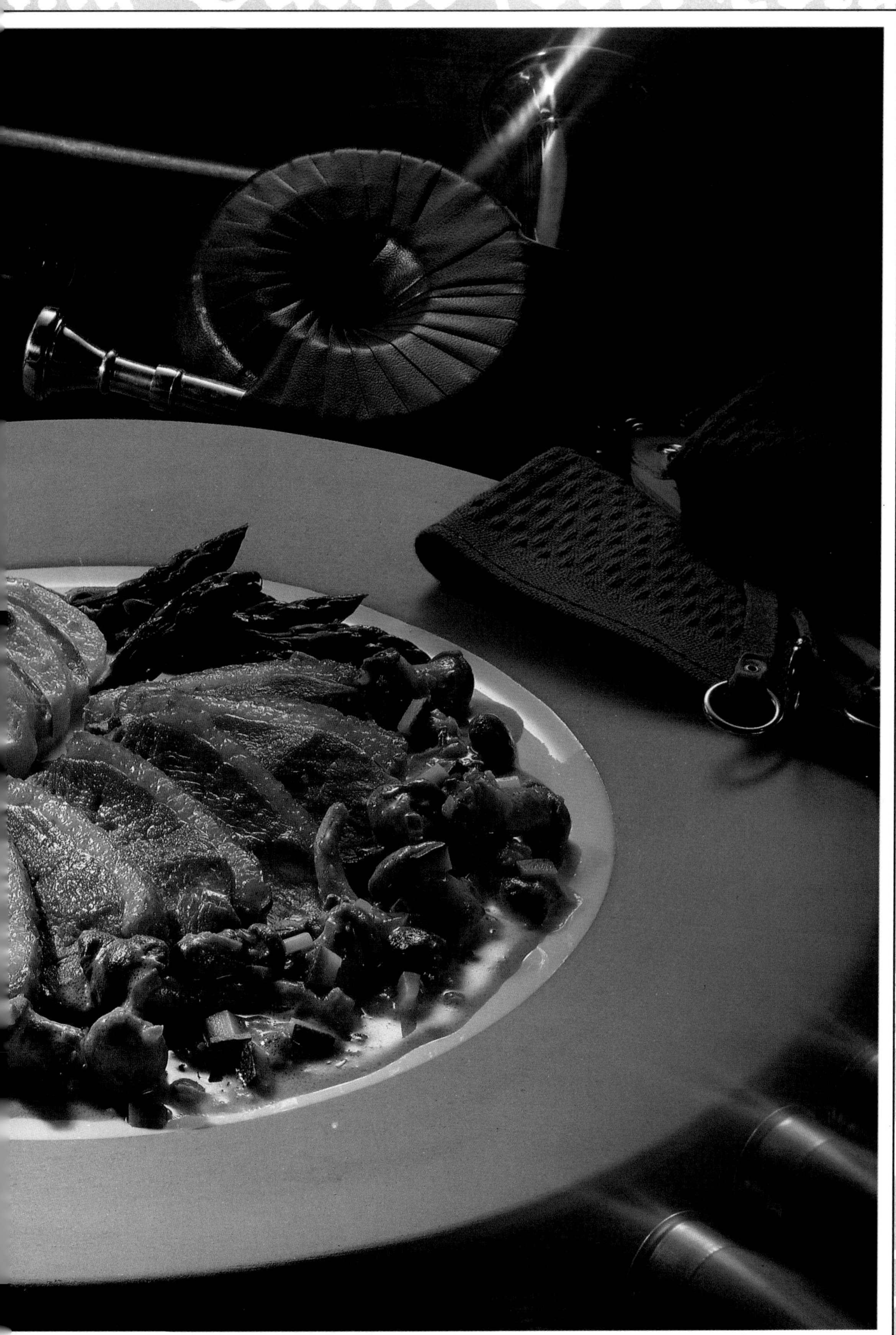

is drei Stunden ist sie

Gänsekeule mit Kräuterkruste

Hauptgericht für 4 Personen

Zutaten

4 kleine Gänsekeulen
Salz, Pfeffer
1 Bd. Thymian
1 Bd. Oregano
2 Zwiebeln
0,2 l Wasser
0,2 l Rotwein

Zubereitung

Die Gänsekeulen mit den Gewürzen bestreuen und mit den gehackten Kräutern einreiben. Die Zwiebeln schälen und fein würfeln. Die Gänsekeulen in eine feuerfeste Form setzen und im Backofen bei 220 °C knusprig braun backen lassen. Nach und nach mit den Zwiebeln bestreuen, mit Wasser und Rotwein übergießen und kurz vor dem Servieren nochmals abschmecken.
Ein kleines Kräutersträußchen auf dem Teller paßt gut als Garnitur zu diesem Essen.
Beilage: Kräuterspätzle (Rezept Seite 144).

Eingelegte Gans

Vorspeise für 8 und Hauptgericht für 4 Personen

Zutaten

1 nicht zu fette Gans
pro kg Gans 30 g Salz
reichlich Gänsefett
2 Äpfel
2 Birnen
2 Knoblauchzehen
2 Lorbeerblätter
1/2 Bd. Rosmarin
5 Nelken

Zubereitung

Die Gans in nicht zu große Stücke teilen, mit dem abgewogenen Salz bestreuen und im Kühlschrank vier Stunden ziehen lassen.
Das Gänsefett erhitzen, die geschälten und kleingeschnittenen Äpfel, Birnen und Knoblauchzehen zugeben und zusammen mit der Gans und den Gewürzen leicht köcheln lassen. Nach eineinhalb bis zwei Stunden die Gänseteile herausnehmen und in Gläser oder einen Steinguttopf füllen. Mit Gänsefett auffüllen und mit einem Deckel verschließen.
Die Gänseteile kann man jederzeit gebraten oder aber auch kalt essen.

◁ Wildentenbrust mit Pfifferlingen, Rezept S. 121

Wildentenbrust mit Pfifferlingen

Hauptgericht für 4 Personen

Zutaten

3 Wildentenbrüste
1 kleine Zwiebel
1 Zucchini
50 g geräucherter Speck
350 g kleine Pfifferlinge
50 g Butter
0,1 l Weißherbst
0,2 l Sahne
Salz, Pfeffer aus der Mühle

Zubereitung

Die Wildentenbrüste würzen, in eine eingefettete Form legen und im Backofen (Fettseite nach oben) bei 220 °C rosa backen.
Die geschälte Zwiebel, die Zucchini und den Speck klein würfeln. Die Pfifferlinge verlesen und falls nötig rasch waschen. Die Butter in einer Pfanne erhitzen, nacheinander die Zwiebel, den Speck, die Zucchini und die Pfifferlinge darin anbraten, mit dem Weißherbst und der Sahne ablöschen und zu einer sämigen Sauce reduzieren. Mit Salz und Pfeffer aus der Mühle abschmecken und mit den Wildentenbrustscheiben anrichten.
Als Beilage passen dazu grüner Spargel und Kartoffelgratin.

Gebackenes Rebhuhn

Vorspeise im Menü für 4 Personen

Zutaten

2 kleine Rebhühner
Saft einer Zitrone
1 TL Sojasauce
1 Bd. Thymian
Salz, Pfeffer
2 Tomaten
1 Bd. Petersilie
200 g Semmelbrösel
2 Eier
Öl zum Ausbacken

Zubereitung

Die Rebhühner jeweils in Brust, Keulen und Flügel teilen und mit Zitronensaft, Sojasauce, gehacktem Thymian, Salz und Pfeffer marinieren und drei bis vier Stunden ziehen lassen.
Die Tomaten mit kochendem Wasser überbrühen, die Haut abziehen und das Fruchtfleisch sehr fein würfeln. Die Petersilie waschen, hacken und mit den Tomaten unter die Semmelbrösel mischen. Die Rebhuhnteile in Ei wenden und mit der Panade überziehen. In nicht zu heißem Fett schwimmend ausbakken und vor dem Servieren auf einem Papiertuch abtropfen lassen.
Das Rebhuhn kann man auch kalt essen, ein frischer Salat paßt sehr gut dazu.

wiebel fein gewiegt. ein n

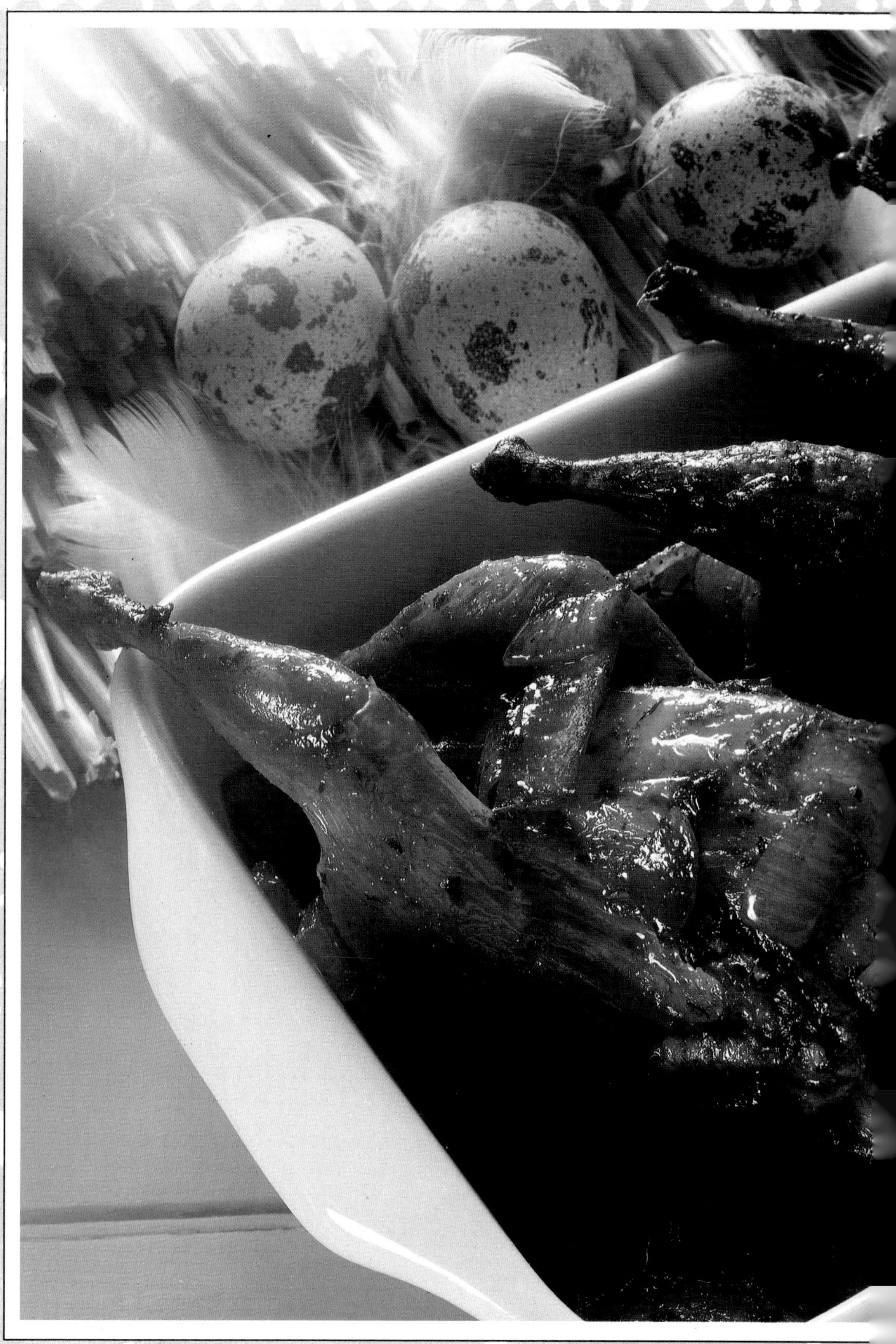

h ausbrate. In zwei

nia Butter (drei Loth [5

is drei Stunden ift

Fasan am Spieß

Hauptgericht für 4 Personen

Zutaten

2 Fasane
100 g Geflügelleber
1 Zwiebel
1 Stange Lauch
1 Bd. Estragon
2 cl Portwein
Salz und Pfeffer
100 g geräucherter Speck

Zubereitung

Die Fasane küchenfertig vom Händler vorbereiten lassen.
Die Geflügelleber von den Sehnen befreien und kleinschneiden. Die Zwiebel schälen und mit dem Lauch kleinhacken. Den Estragon zupfen. Alle Zutaten mischen, mit dem Portwein, Salz und Pfeffer würzen und damit die Fasane füllen. Den Speck in hauchdünne Scheiben schneiden und um die Fasane legen. Die Fasane auf den Grillspieß stecken und im Backofen bei 215 °C in ca. 35–45 Minuten schön knusprig braten. Die Fasane jeweils halbieren und anrichten.
Beilage: bunter Salat.

Fasanenbrüstchen auf Sauerkraut

Hauptgang im Menü für 4 Personen

Zutaten

4 Fasanenbrüstchen
1 TL Senf
1 TL Sojasauce
Salz, Pfeffer
0,2 l Sahne
100 g Kerbel
500 g gekochtes Sauerkraut
0,1 l Sekt

Zubereitung

Die Fasanenbrüstchen mit Senf, Sojasauce, Salz und Pfeffer würzen und in einer Pfanne von beiden Seiten goldbraun braten. Die Sahne zugießen und mit gehacktem Kerbel bestreuen.
Das Sauerkraut erhitzen, mit Sekt ablöschen und zu den Fasanenbrüstchen reichen.
Beilage: Kartoffelbrei.

◁ Wachteln mit Salbei, Rezept S. 125

Wachteln mit Salbei

Vorspeise für 4 Personen

Zutaten

8 Wachteln
1 EL Honig
2 Zwiebeln
150 g durchwachsener Speck
1 Bd. Liebstöckel
1/2 Bd. Salbei
0,2 l milder Rotwein
Salz

Zubereitung

Die Wachteln mit Honig und Salz würzen. Die Zwiebeln schälen, zusammen mit dem Speck grob würfeln. Die Kräuter fein hacken. Eine feuerfeste Form erhitzen, den Speck mit den Zwiebeln darin anbraten, die Wachteln zugeben und im Backofen bei 220 °C in etwa 20–25 Minuten gar braten. Den Rotwein nach und nach über die Wachteln gießen und diese kurz vor dem Anrichten mit den gehackten Kräutern bestreuen.
Beilage: Eichblattsalat.

Kräuterwachteln

Vorspeise für 4 Personen

Zutaten

8 Wachteln
1 Bd. Petersilie
100 g Kerbel
1/2 Bd. Zitronenthymian
200 g Kalbsbrät
Salz, Pfeffer aus der Mühle
0,2 l Weißwein

Zubereitung

Die Wachteln küchenfertig vorbereiten lassen.
Die Kräuter sehr fein hacken und mit dem Kalbsbrät vermengen. Gegebenenfalls noch etwas würzen. Die Wachteln damit füllen, in eine feuerfeste Form legen und bei 200 °C in ca. 30 Minuten gar braten. 10 Minuten vor dem Anrichten mit dem Weißwein ablöschen, im Ofen ziehen lassen.
Lauwarm zu Blattsalaten servieren.

Schnepfen in Rieslingsahne

Zwischengericht im Menü für 4 Personen

Zutaten

4 Schnepfen
Salz, Pfeffer
3 Zehen Knoblauch
50 g Butter
2 Bd. Frühlingszwiebeln
0,3 l Sahne
0,2 l Riesling

Zubereitung

In den klassischen Rezepten werden die Schnepfen mit den Innereien gebraten. Bei diesem Rezept wird jedoch nur die Leber mitgebraten.
Die Schnepfen ausnehmen, mit Salz und Pfeffer würzen und mit Knoblauch einreiben. Die Butter in einer Bratpfanne erhitzen und den restlichen Knoblauch darin anbraten. Die Schnepfen zugeben, mit den in Streifen geschnittenen Frühlingszwiebeln bestreuen und der Sahne sowie dem Riesling ablöschen. Mit Salz und Pfeffer würzen und zugedeckt ca. 30 Minuten garen lassen.
Beilage: Steinpilzragout (Seite 153).

wiebel fein gewiegt, ein n

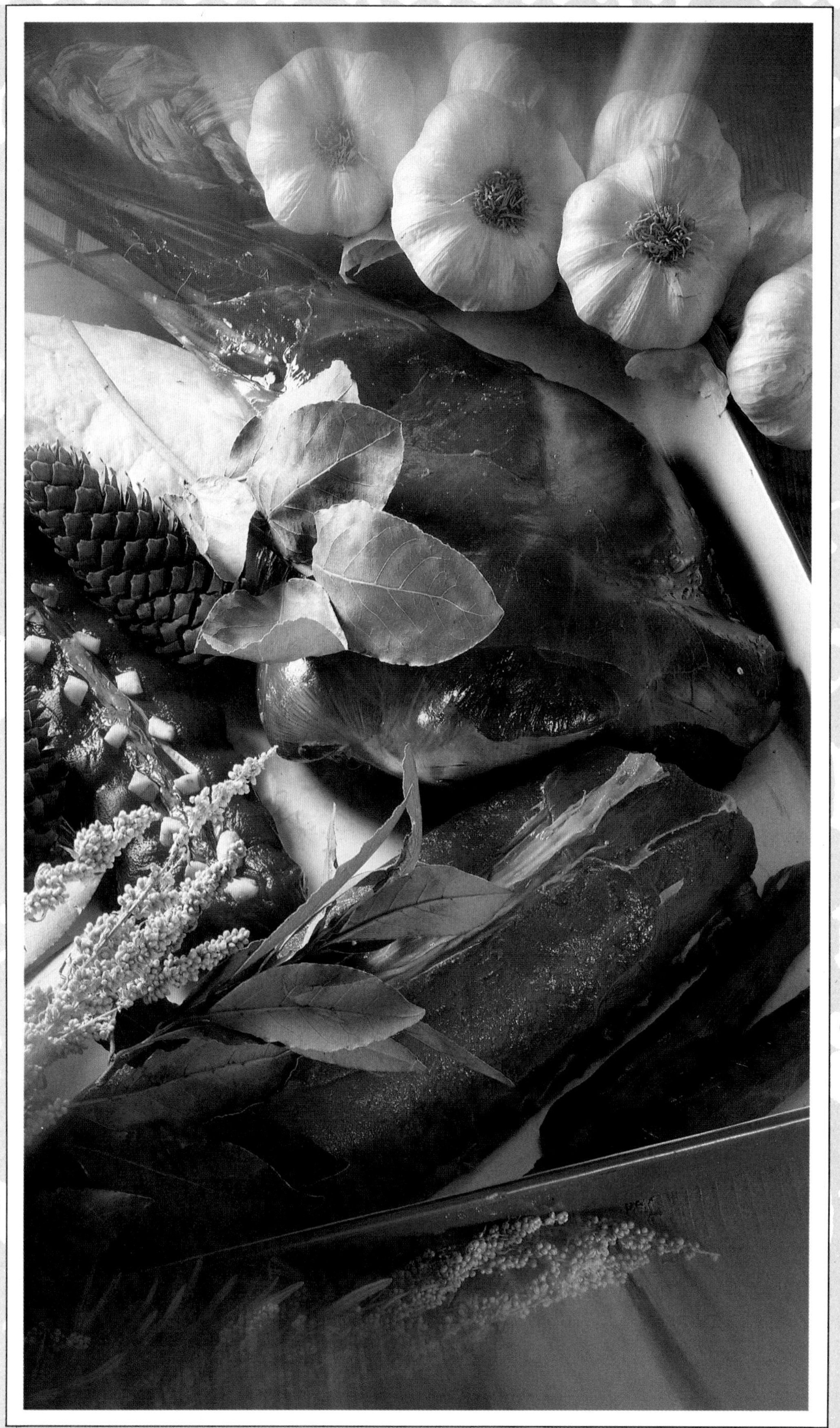

h ausbrate. In zwei

Wildgerichte

Zugegeben, wegen des spezifischen Wildgeschmacks sind sie nicht jedermanns Sache. Aber Kenner sind ganz wild auf Wild und schätzen diese Fleischspezialität über alles. Kein Wunder: Das magere, herzhaft schmeckende Fleisch ist ein Hochgenuß.

Allerdings sollte man heute darauf achten, woher das Wild stammt, das Sie genießen wollen, denn noch immer sind viele Waldregionen, besonders im Süden und Osten, radioaktiv belastet. Man kann auf Zuchtwild ausweichen; der Gourmet von echtem Schrot und Korn wird jedoch lieber die Mühe auf sich nehmen, die Herkunft des Wilds zu klären.

Kurzgebratene Wildstücke sollten nie zu lange gebraten sein. Innen noch leicht rosa, das ist der Tip. Größere Fleisch- und Bratenstücke sollten zuvor in einer Marinade eingelegt werden, der die typischen Wild-Gewürze ihr Aroma geben. Und in die Sauce gehören Waldpilze und Kräuter. Die beste und beliebteste Beilage zu jeder Art Wild sind Spätzle, weil sie die Sauce so wunderbar aufnehmen. Und Preiselbeeren dazu, da lacht nicht nur des Waidmanns Herz.

Was alles ist Wild? Viel mehr, als wir heute kennen (und was zum Teil unter die Rubrik »Artenschutz« fällt). Aber wir bleiben gerne bei Hirsch und Reh, Hase und Wildschwein. Sie sind wahre Gaumenfreuden. Waidmanns Heil!

Gespickter Hasenrücken mit Kumquats

Hauptgericht für 4 Personen

Zutaten

600 g gespickter Hasenrücken
3 EL Aprikosenmarmelade
0,2 l Weißwein
200 g Kumquats
Salz, Pfeffer aus der Mühle
Öl zum Anbraten
Waldmeister zum Garnieren

Zubereitung

Den Hasenrücken vom Knochen lösen und mit den Gewürzen einreiben. In einer kleinen Kasserolle etwas Öl erhitzen, darin den Hasenrücken rosa braten und anschließend warmstellen.

Die Aprikosenmarmelade in der Pfanne verrühren und mit dem Weißwein ablöschen. Die Kumquats waschen, achteln, ebenfalls zu der Sauce geben und etwas einkochen lassen. Den Hasenrücken in schräge Scheiben schneiden, mit der Sauce anrichten und mit dem Waldmeister garnieren.

Kräuternudeln, in etwas Butter angebraten, schmecken köstlich zu diesem modernen Wildgericht.

Gratinierter Hasenrücken

Hauptgericht für 4 Personen

Zutaten

1,3 kg Hasenrücken mit Knochen
Salz
Zitronenpfeffer
2 TL Senf
2 Bd. Petersilie
1 Bd. Thymian
2 Knoblauchzehen
100 g Semmelbrösel
100 g Butter
0,1 l Portwein
0,2 l Roséwein

Zubereitung

Den Hasenrücken am Mittelknochen einschneiden, ringsherum mit Salz und Zitronenpfeffer und dem Senf würzen.

Die Kräuter waschen, fein hacken und zusammen mit den geschälten und zermusten Knoblauchzehen, den Semmelbröseln und der Butter vermengen. Die Masse auf den Hasenrücken streichen, das Fleisch in eine feuerfeste Form legen und im Backofen bei 200 °C ca. 45 Minuten backen.

Mit dem Portwein und dem Rosé ablöschen, kurz reduzieren und sofort anrichten.

Beilage: Kartoffelauflauf.

Marinierter Hase

Hauptgericht für 4 Personen

Zutaten

*1 kg Hasenkeulen
Salz, Pfeffer
2 TL Kräutersenf
2 Zwiebeln
250 g durchwachsener Speck
1 Bd. Thymian
2 Stangen Lauch
knapp ¹/₂ l Buttermilch
Öl zum Anbraten*

Zubereitung

Die Hasenkeulen mit Salz, Pfeffer und Senf einreiben. Die Zwiebeln schälen und zusammen mit dem Speck in ein Zentimeter große Würfel schneiden. Den Thymian waschen und kleinhacken, den Lauch waschen und in dünne Scheiben schneiden. Die Zutaten mit der Buttermilch in eine Schüssel geben und darin die Hasenkeulen mindestens 24 Stunden marinieren.

Das Fleisch mit Küchenkrepp abtrocknen und in einer Kasserolle mit etwas Öl kräftig anbraten. Mit der Marinade ablöschen und zugedeckt 45–55 Minuten garen lassen. Die Hasenkeulen im Ganzen anrichten und mit der Sauce servieren.

Die Buttermilch flockt beim Garen etwas aus, und die Sauce bekommt dadurch eine etwas gröbere Struktur.

Zu diesem deftigen Gericht schmecken Breznknödel (Rezept Seite 145) oder Spätzle am besten.

Hasenröllchen

Zwischengang beim Menü oder kleines Abendessen für 4 Personen

Zutaten

*500 g Hasenkeulen
1 Zwiebel
1 Bd. Estragon
1 Bd. Petersilie
2 Eier
Salz, Pfeffer aus der Mühle
70 g Butter*

Zubereitung

Das Fleisch von Häutchen und Sehnen befreien und durch die feine Scheibe des Fleischwolfes treiben. Die Zwiebel schälen und fein hacken. Die Kräuter waschen, trocknen und kleinschneiden. Das Hackfleisch mit den restlichen Zutaten mischen, abschmecken, zu kleinen Röllchen formen und in der Butter ausbraten.

Die Hasenröllchen schmecken auch kalt sehr gut und lassen sich leicht vorbereiten.

Beilage: Kartoffelsalat.

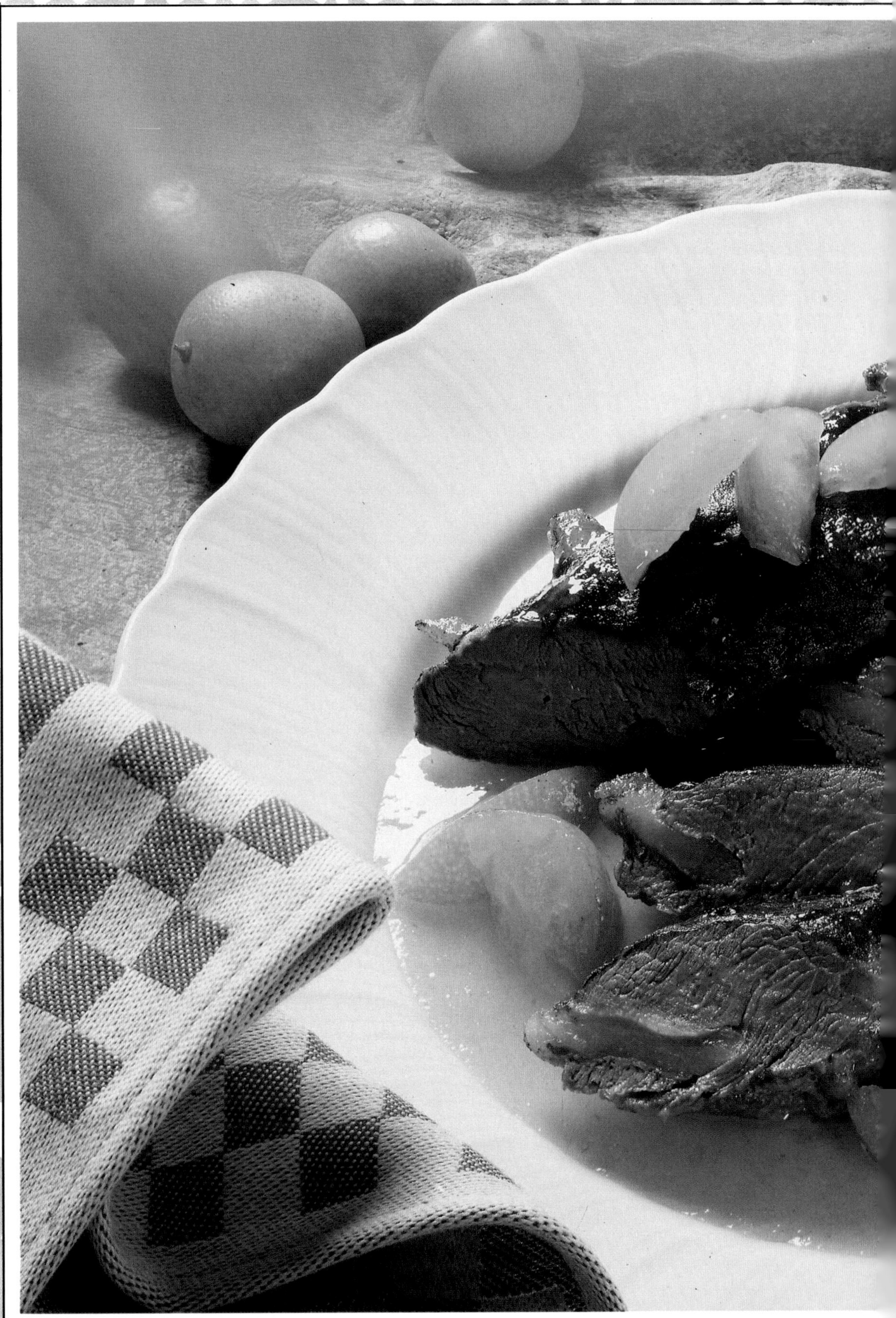

Au
ine
was
ein
die
am
gieß
un
all

Rehrückenmedaillons mit Holunder

Hauptgericht für 4 Personen

Zutaten

700 g Rehrücken
¹/₂ TL Curry
100 g Butter
300 g Holunderbeeren
0,2 l Sahne
Salz, Pfeffer aus der Mühle

Zubereitung

Den Rehrücken vom Knochen lösen, mit Curry, Salz und Pfeffer einreiben und in kleine Medaillons schneiden.
Die Hälfte der Butter in einer Pfanne erhitzen, darin das Fleisch rosa anbraten, anschließend warmstellen.
Die Holunderbeeren im Mixer fein pürieren und mit der Sahne in die Pfanne geben. Zu einer sämigen Sauce einkochen. Zuletzt die restliche kalte Butter in Stückchen einrühren und abschmecken.
Die Rehrückenmedaillons mit der Sauce anrichten und als Beilage hausgemachte Spätzle reichen.

Rehgeschnetzeltes mit Tomatenpüree

Hauptgericht für 4 Personen

Zutaten

450 g Rehkeulenfleisch
2 EL Tomatenmark
0,2 l Roséwein
1 Dose geschälte, gehackte Tomaten
1 TL Zucker
Salz, Pfeffer aus der Mühle
1 Bd. Rosmarin

Zubereitung

Das Fleisch in dünne Scheiben schneiden, mit Salz und Pfeffer würzen, in einer Pfanne kurz anbraten und warmstellen.
Das Tomatenmark in die Pfanne geben, mit dem Roséwein und den geschälten Tomaten ablöschen. Mit Zucker, Salz und Pfeffer aus der Mühle würzen. Die Sauce zähflüssig einkochen lassen und mit den Rosmarinstengeln vermengen. Die Fleischstücke zu der Sauce geben und nochmals kurz erhitzen. In eine Servierschale füllen und mit Rosmarinzweigchen garnieren.
Frisch zubereitete Kräuterspätzle sind auch farblich eine passende Beilage (Rezept Seite 144).

◁ Gespickter Hasenrücken mit Kumquats, Rezept S. 128

Gebeizter Rehrücken mit rosa Pfeffer

Vorspeise für 4 Personen

Zutaten

400 g Rehrücken
2 EL rosa Pfeffer
50 g Kerbel
1 TL Senf
1 TL Salz
Pfeffer aus der Mühle
Saft einer Orange
1 TL Cognac
1 TL Rotweinessig

Zubereitung

Bei diesem Gericht sollte der Rehrücken frisch sein und nicht aus der Tiefkühltruhe kommen.

Den Rehrücken leicht anfrieren, auf der Brotschneidemaschine in hauchdünne Scheiben schneiden und sternförmig auf Tellern anrichten. Den Kerbel in kleine Blättchen zupfen, die rosa Pfefferkörner etwas zerdrücken.

Eine Marinade aus Senf, Salz, Pfeffer, dem Saft einer Orange, Cognac und Essig anrühren und über die Rehscheiben verteilen. Mit den Kerbelblättchen und dem zerdrückten rosa Pfeffer garnieren und sofort servieren.

Diese Vorspeise eignet sich als Einstieg zu einem mehrgängigen Menü oder einfach als kleines Zwischengericht. Dazu leicht getoastetes Weißbrot reichen oder einen kleinen Salatteller.

Gebackene Hirschwürfel

Zwischengericht im Menü oder kleines Abendessen für 4 Personen

Zutaten

500 g Hirschkeulenfleisch
1 Lorbeerblatt
1 kleine Zwiebel
1 Karotte
1 kleine Stange Lauch
Salz, Pfeffer aus der Mühle
2 Eier
Semmelbrösel
Fett zum Ausbacken
Remouladensauce

Zubereitung

Das Hirschkeulenfleisch in Würfel von 2 cm Größe schneiden und in kochendem Salzwasser mit dem Lorbeerblatt, der Zwiebel, der Karotte und dem Lauch weichdünsten.

Die Eier verrühren und ebenso wie die Semmelbrösel in eine Schüssel geben.

Das abgekühlte Fleisch zuerst in verschlagenem Ei und anschließend in den Semmelbröseln wenden. Das Fett erhitzen und darin die Hirschwürfel ausbakken. Auf Küchenkrepp etwas abtropfen lassen und mit einer Remouladensauce (Seite 12) servieren.

getr
hs
fchn
ne
id g
ann
Jähr
was
ha
u
ausbrate. In zwei

nia Butter (drei Loth [5

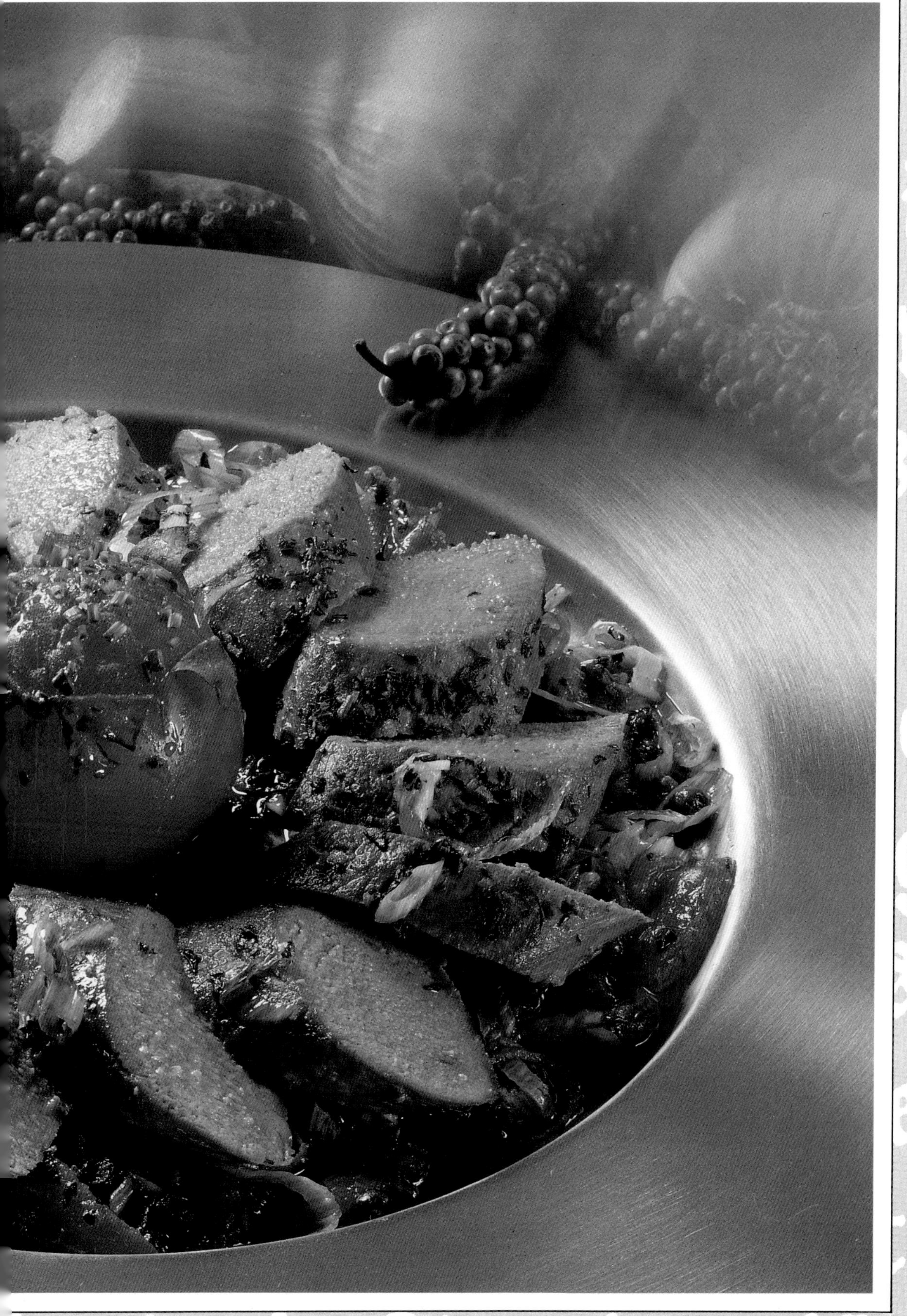

is drei Stunden ist sie

Hirschfilet mit Trauben und Nüssen

Hauptgericht für 4 Personen

Zutaten

250 g blaue Trauben
500 g Hirschfilet
100 g Butter
100 g Walnüsse
0,1 l Sherry
0,2 l Johannisbeersaft
Zitronenpfeffer
Salz

Zubereitung

Die Trauben halbieren und entkernen.
Das Hirschfilet von den kleinen Sehnen befreien, mit Zitronenpfeffer und Salz würzen. Die Hälfte der Butter in einer Pfanne erhitzen, darin das Filet rosa braten und warmstellen.
Die Trauben und Nüsse in die Pfanne geben, kurz anschwenken, mit dem Sherry und dem Johannisbeersaft ablöschen und reduzieren. Mit der restlichen kalten Butter schnell verrühren und mit dem in schräge Scheiben geschnittenen Hirschfilet anrichten.
Hirschfilet ist sehr teuer und eignet sich deshalb als Höhepunkt eines feinen Menüs.
Beilage: Überkrusteter Staudensellerie (Seite 156).

Hirschfilet mit grünem Pfeffer

Hauptgericht für 4 Personen

Zutaten

750 g Hirschfilet
1 EL Kräutersenf
Salz, Pfeffer aus der Mühle
1/2 Knolle frischer Knoblauch
3 Tomaten
2 Frühlingszwiebeln
1/2 Bd. Thymian
1/2 Bd. Rosmarin
1/2 Bd. Petersilie
70 g Butter
0,25 l Wildbouillon, Seite 31
100 g frischer grüner Pfeffer

Zubereitung

Das Hirschfilet von den Häutchen befreien. Mit Senf, Salz und Pfeffer einreiben. Die Knoblauchknolle schälen und in feine Scheiben schneiden. Die Tomaten würfeln, die Frühlingszwiebeln in Ringe schneiden. Die Kräuter waschen, trocknen und fein hakken. Die Butter in einer großen Pfanne erhitzen, das Fleisch darin rosa braten und warmstellen.
Die restlichen Zutaten in die Pfanne geben und ebenfalls anbraten. Mit der Wildbouillon ablöschen und etwas einköcheln lassen. Kurz vor dem Servieren den frischen grünen Pfeffer untermengen.
Dieses Gericht ist recht herzhaft und schmeckt mit Grilltomaten und Bauernbrot sehr gut.

◁ Hirschfilet mit grünem Pfeffer, Rezept S. 136

Damhirschgulasch mit frischen Pfifferlingen

Hauptgericht für 4 Personen

Zutaten

500 g Damhirsch aus der Keule
1 Zwiebel
2 Bd. Petersilie
100 g durchwachsener Speck
300 g frische Pfifferlinge
Salz, Pfeffer aus der Mühle
0,2 l Rotwein
0,2 l Sahne

Zubereitung

Das Fleisch von Sehnen und Häutchen befreien, würzen und in kleine Scheiben schneiden. Die Zwiebel schälen und fein würfeln. Die Petersilie waschen und kleinschneiden. Den Speck von der Schwarte lösen und klein würfeln. Die Pfifferlinge unter fließendem kaltem Wasser reinigen und gut abtropfen lassen. Das Öl in einer Pfanne erhitzen und darin nacheinander das Fleisch, den Speck, die Zwiebel und die Kräuter anbraten. Den Rotwein und die Sahne zugeben und aufkochen. Die Pfifferlinge untermengen und alles 30 Minuten köcheln lassen.
Das Gulasch vor dem Anrichten nochmals abschmecken und mit Breznknödel (Rezept Seite 145) servieren.

Feine Wildschweinmedaillons

Hauptgericht im Menü für 4 Personen

Zutaten

4–6 Scheiben Leberpastete
2 EL Portwein
600 g Wildschweinrücken
50 g Butter
0,1 l Johannisbeerlikör
0,1 l Wildbouillon, Seite 31
0,1 l Sahne
Salz, Pfeffer aus der Mühle

Zubereitung

Die Leberpastete mit dem Portwein beträufeln und zugedeckt 2–3 Stunden ziehen lassen.
Den Wildschweinrücken in kleine Medaillons schneiden, mit Salz und Pfeffer würzen, in der Butter von beiden Seiten rosa braten und warmhalten.
Die Bratbutter mit dem Johannisbeerlikör, der Wildbouillon und der Sahne ablöschen und zu einer sämigen Sauce reduzieren. Die Leberpastete auf die Medaillons setzen und im Grill kurz überbacken.
Auf Tellern anrichten und mit der Sauce umgießen.
Beilage: Steinpilzragout (Rezept Seite 153).

wiebel fein gewiegt, ein n

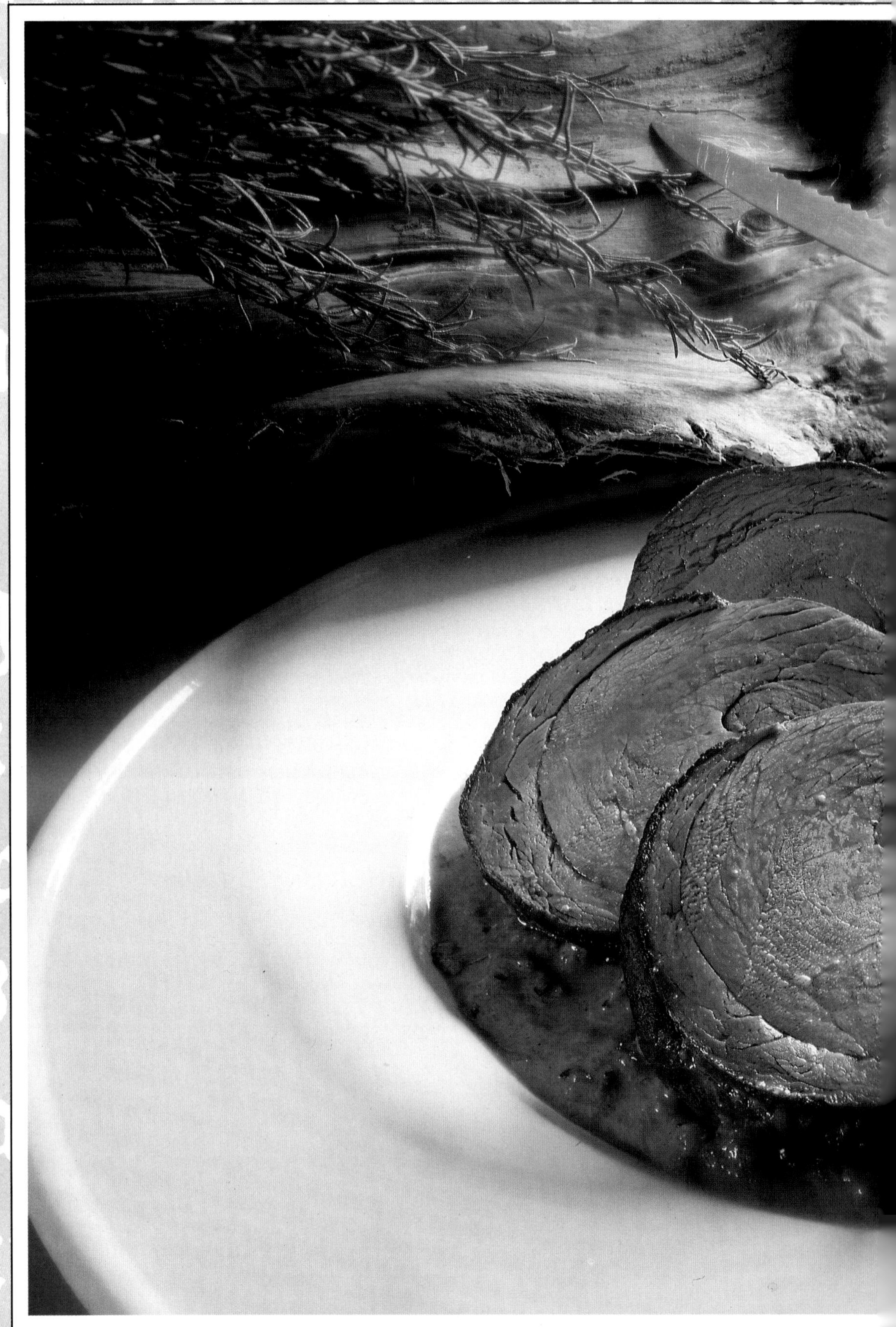

h ausbrate. In zwei

Frischlingskeule mit Zimtkruste

Hauptgericht für 4 Personen

Zutaten

1 Frischlingskeule (ca. 2 kg)
2 Knoblauchzehen
Salz, Pfeffer aus der Mühle
100 g Semmelbrösel
70 g Zucker
1 TL Zimtpulver, 1 Ei
40 g Butter
0,3 l Weißwein
Wasser
Küchengarn

Zubereitung

Von der Frischlingskeule den Knochen auslösen, mit der geschälten, fein zerriebenen Knoblauchzehe, Salz und Pfeffer einreiben und mit dem Küchenfaden zu einem länglichen Braten binden. In eine große Kasserolle etwas Wasser einfüllen und darin die Frischlingskeule im Backofen bei 220 °C ca. 75 Minuten braten.
Die Semmelbrösel mit dem Zucker, dem Zimtpulver, dem Ei und der Butter verrühren. Nach und nach die Keule mit Weißwein und Wasser ablöschen. Ist die Keule durchgebraten, den Küchenfaden entfernen, die Zimtkruste auf den Braten streichen und im Backofen 10 Minuten überkrusten.
Die Frischlingskeule zum Anrichten in dünne Scheiben schneiden und mit dem Bratfond sofort servieren. Beilage: Überbackener Chicorée (Seite 156).

Gefüllte Frischlingskeule

Hauptgericht für 4 Personen

Zutaten

1 Frischlingskeule (ca. 2 kg)
2 Karotten
1/2 Knolle Sellerie
2 kleine Stangen Lauch
2 Knoblauchzehen
2 Zwiebeln
100 g durchwachsener Speck
2 Bd. Petersilie
75 g Butter
0,3 l Rotwein
0,2 l Wasser
100 g Johannisbeergelee
Salz, Pfeffer aus der Mühle
Küchengarn zum Zuschnüren

Zubereitung

Den Knochen von der Frischlingskeule auslösen und das Fleisch von allen Seiten mit Salz und Pfeffer würzen. Das Gemüse nach Bedarf waschen, putzen und in kleine Würfel schneiden. Den Speck von der Schwarte lösen und ebenfalls würfeln. Die Petersilie waschen und kleinhacken.
Die Butter erhitzen, darin nacheinander die Zwiebeln, den Speck und das Gemüse farblos anschwitzen. Das Gemüse abkühlen lassen und dann in die Frischlingskeule einfüllen. Mit dem Küchengarn umschnüren und in eine große Kasserolle setzen. Im Backofen bei 220 °C ca. 80 Minuten braten. Nach und nach mit dem Rotwein und dem Wasser ablöschen, damit die Keule nicht zu sehr austrocknet. Kurz vor dem Anrichten das Johannisbeergelee in die Sauce rühren und mit den Gewürzen abschmekken. Die Frischlingskeule in dünne Scheiben schneiden und mit der Sauce anrichten.
Beilage: frischer Kartoffelkuchen.

◁ Wildschweinbraten mit Kletzensauce, Rezept S. 141

Wildschweinbraten mit Kletzensauce

Hauptgericht für 4 Personen

Zutaten

1 kg Wildschweinkeule ohne Knochen
3 Karotten
1/2 Sellerieknolle
1 Stange Lauch
Lorbeerblätter
Wachholderbeeren
Pfefferkörner
1/2 l herber Rotwein
1/2 l Sauerrahm
200 g Kletzen (gedörrte Birnen)
200 g Sahne
Salz, Pfeffer aus der Mühle

Zubereitung

Dieses Gericht bedarf einer längeren Vorbereitungszeit. Die Wildschweinkeule schon am Vortag mit den zerkleinerten Gemüsen, den Gewürzen, dem Rotwein und dem Sauerrahm marinieren und zugedeckt an einem kühlen Ort ziehen lassen.

Am gleichen Tag kann man ebenfalls die Kletzen vorbereiten. Dazu spült man sie kurz unter fließendem Wasser ab, schneidet sie in kleine Würfel und läßt sie bis zum nächsten Tag mit Wasser bedeckt ziehen.

Am Zubereitungstag nimmt man die Keule aus der Marinade und spült sie unter fließendem Wasser ab. Anschließend wird die Keule von allen Seiten kräftig angebraten. Die Marinade abpassieren und die angebratene Wildschweinkeule damit ablöschen und ca. 90 Minuten im vorgeheizten Backofen bei 220 °C braten.

Während des Bratens die Keule öfter wenden und 20 Minuten vor Beendigung der Garzeit die Kletzen und die Sahne zugeben. Die Wildschweinkeule aus dem Backofen nehmen, in dünne Scheiben schneiden und mit der Kletzensauce servieren.

Als Beilage passen hierzu würzige Breznknödel (Rezept Seite 145).

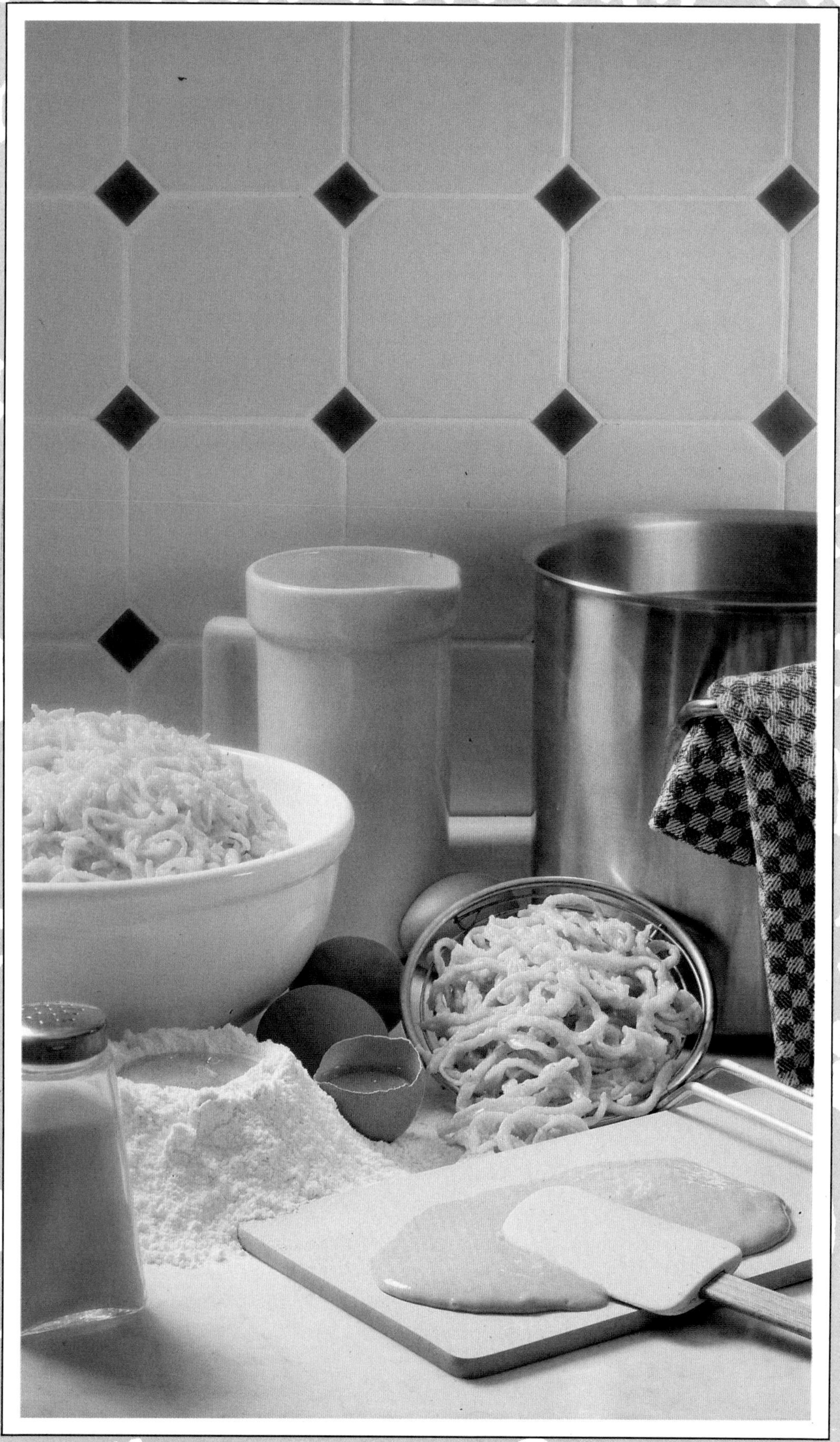

Beilagen
& Gemüsegerichte

Es ist noch gar nicht so lange her, da galten bei uns Beilagen wie Nudeln, Knödel und Kartoffeln als ausgesprochene »Dickmacher«. Die neuere Ernährungslehre sieht das anders: Kohlehydrate sind für eine ausgewogene Ernährung sehr wichtig. Was den guten alten Beilagen zu einem erfreulichen Comeback verholfen hat.

Allerdings werden sie sparsamer verwendet als früher und mit weniger Fett und Mehl angereichert. Schwere körperliche Arbeit, die hungrig macht, ist bei uns selten geworden, und da ist weniger eben oft mehr. Womit wir sagen wollen, daß wir gerade bei den Beilagen das Mehr an Qualität bevorzugen: Nehmen Sie die Herstellung von Beilagen unbedingt selbst in die Hand! Der Griff zum Fertigprodukt ist unter Zeitdruck sicher eine willkommene Alternative. Aber es schmeckt einfach besser und läßt Sorgfalt und Spaß am Genuß erkennen, wenn Sie auf die Herstellung von Beilagen ein wenig Zeit und Liebe verwenden. Und es macht Spaß, Nudeln, Kroketten oder Rösti selbst herzustellen! Und selbst die schwäbischen Spätzle sind kein Zauberwerk, wenn man ein paar Tricks kennt und die richtigen Küchengeräte hat.

Als Beilagen gelten in diesem Kapitel nicht nur Kartoffeln, Nudeln und Knödel, sondern auch alle die köstlichen Gemüsezubereitungsarten, an denen die moderne Küche so reich ist. Und das Vergnügen, das Frischeste auf den Märkten je nach Saison einzukaufen, sollten Sie sich nicht entgehen lassen.

Feine Nudeln

Zutaten

400 g Mehl
4 Eier
1 Prise Salz
2 EL Öl
etwas Wasser
Fett zum Ausbacken

Zubereitung

Alle Zutaten zu einem Teig kneten, der nicht zu fest sein sollte. In den Kühlschrank stellen und ihn dort zugedeckt 60 Minuten ruhen lassen.
Mit der Nudelmaschine ganz dünne Nudeln ausrollen und sofort zu kleinen Nestern formen und so trocknen lassen.
Das Fett erhitzen und darin die Nudelnestchen kurz ausbacken.
Die feinen Nudeln eignen sich auch sehr gut zum Kochen. Schon nach drei Minuten sind die Nudeln gar und können angerichtet werden.
Diesen Grundteig kann man mit den verschiedensten Kräutern kombinieren. Je nach Geschmack – Thymian, Basilikum, Sauerampfer, Kerbel – hackt man 50 g der ausgesuchten Kräuter sehr fein und knetet sie unter den Teig.
Der Teig läßt sich auch gut färben. Je nach Farbe nimmt man den Saft von Roter Bete oder sogar die Tinte des Tintenfisches.

Kräuterspätzle

Zutaten

1 Bd. Petersilie
50 g Kerbel
500 g Mehl
3 Eier
1 Msp. Muskat
etwas Wasser nach Bedarf
Salz

Zubereitung

Die Petersilie und den Kerbel sehr fein hacken. Aus den restlichen Zutaten einen geschmeidigen Teig herstellen, diesen mit den Kräutern vermengen und anschließend mit einem Kochlöffel so lange schlagen, bis sich feine Luftblasen gebildet haben. Den Teig mit einer Spätzlepresse in kochendes Salzwasser drücken (oder vom Brett schaben) und kurz aufkochen lassen. In einem Durchschlag abtropfen lassen und die heißen Kräuterspätzle sofort servieren.

Kässpatzen

Zutaten

500 g Mehl
3 Eier
Salz
etwas Wasser für den Teig
150 g Allgäuer Emmentaler
2 Zwiebeln
Öl zum Anbraten
1 Bd. Schnittlauch

Zubereitung

Das Mehl mit den Eiern, dem Salz und dem Wasser zu einem geschmeidigen Teig verrühren und mit einem Kochlöffel so lange schlagen, bis sich kleine Luftblasen bilden. Den Teig portionsweise mit einer Spätzlepresse in kochendes Salzwasser drücken und anschließend die Spätzle auf einem Brett auskühlen lassen.

Den Emmentaler fein reiben, unter die abgekühlten Spätzle heben und zusammen in einer Auflaufform im Backofen bei 220 °C 20 Minuten überkrusten.

Die Zwiebeln schälen, in feine Ringe schneiden und in einer Pfanne mit wenig Öl knusprig braun anbraten. Die Kässpätzle mit den braunen Zwiebelringen und dem in feine Ringe geschnittenen Schnittlauch anrichten.

Breznknödel

Zutaten

250 g getrocknete »Brezn« (Laugenbrezeln)
1 Zwiebel
etwas Butter
$^1/_8$ l Milch
$^1/_8$ l Sahne
1 Bd. Petersilie
2 Eier
Salz
etwas Muskatpulver

Zubereitung

Die Brezn in feine Scheiben schneiden. Die Zwiebel schälen, fein würfeln und in einer Pfanne mit etwas Butter glasig dünsten. Mit der Milch, der Sahne und der feingehackten Petersilie aufkochen lassen, zu den Brezn geben und gut vermengen. Die Masse etwas abkühlen und quellen lassen.

Die Eier und die Gewürze untermengen und alles zu kleinen Knödelchen formen und in kochendes Salzwasser geben. Den Topf mit einem Deckel verschließen und die Knödel bei kleinster Flamme ziehen lassen, bis sie an der Oberfläche schwimmen.

wiebel fein gewiegt, ein m

getr
chs
schn
ne
nd g
ann
ähr
vas
ha
h u

h ausbrate. In zwei

nig Butter (drei Loth [52

Au
ine
was
ein
die
am
gieß
un
e, n
all

8 drei Stunden ist sie

Kartoffelkrusteln mit Speck

Zutaten

4 kleinere Kartoffeln
100 g geräucherter Bauchspeck
1/2 Bd. Petersilie
1 Ei
2 EL Mehl
1 Prise Muskat
Salz, Pfeffer
Schweineschmalz zum Braten

Zubereitung

Die Kartoffeln schälen und fein raspeln. Den Bauchspeck in dünne Streifen schneiden. Die Petersilie fein hacken. Alle Zutaten vermischen und mit den Gewürzen abschmecken. Etwas Schweineschmalz – man kann auch Butterfett nehmen –, in einer Pfanne erhitzen und darin die Krusteln ausbraten.

Sauerrahmplätzchen

Zutaten

350 g Kartoffeln
200 g saure Sahne
2 Eier
1 Bd. Schnittlauch
Salz, Pfeffer, Muskat

Zubereitung

Die Kartoffeln schälen, würfeln, in etwas Wasser weich kochen und abkühlen lassen.
In der Zwischenzeit die saure Sahne mit den Eiern im Mixer verrühren, die Kartoffeln zugeben und alles zu einem zähflüssigen Teig pürieren. Den Schnittlauch in feine Röllchen schneiden, zugeben und mit den Gewürzen den Teig abschmecken.
Den Backofen auf 150 °C vorheizen. Mit einem Eßlöffel die Masse in eine beschichtete Pfanne (mit hitzebeständigem Griff) geben und im Backofen ohne Fett goldgelb backen lassen.

Süßkartoffeln

Zutaten

400 g kleine Süßkartoffeln
1 Knoblauchzehe
1/2 Bd. Rosmarin
2 EL Meersalz
2 EL Walnußöl

Zubereitung

Die kleinen Süßkartoffeln unter fließendem Wasser bürsten und mit Küchenkrepp trockenreiben. Die Knoblauchzehe schälen, in Scheiben schneiden. Die Kartoffeln halbieren, mit der Schnittfläche nach unten in eine feuerfeste Pfanne geben und mit den Knoblauchscheiben, dem gehackten Rosmarin und dem Meersalz im Backofen bei 220 °C knusprig backen lassen.
Kurz vor dem Anrichten mit dem Walnußöl bestreichen.

◁ Breznknödel, Rezept S. 145

Fingernudeln (Schupf-nudeln) mit Kräutern

Zutaten

500 g Kartoffeln
2 Eier
50 g Kerbel
1 Bd. Petersilie
Salz, Pfeffer, Muskat
Mehl nach Bedarf
Butter zum Ausbraten

Zubereitung

Die Kartoffeln schälen, klein würfeln und in etwas Wasser weichkochen. Das Wasser abschütten und die Kartoffeln durch eine Presse in eine Schüssel drücken. Die Eier, den fein gehackten Kerbel und die Petersilie untermischen. Mit Salz, Pfeffer und Muskat würzen und völlig erkalten lassen.
Etwas Mehl in die Kartoffelmasse mengen, bis eine trockene, zähe Masse entsteht. Beide Hände mit Mehl bestäuben, fingergroße Nudeln ausrollen und in schwimmender Butter goldbraun ausbraten.

Pastinakengemüse

Zutaten

500 g Pastinaken
1 Knoblauchzehe
50 g Butter
2 EL Mehl
1 EL Weißwein
2 EL Sahne
Kochsud
Salz und frisch gemahlener Pfeffer
50 g Sauerampfer

Zubereitung

Die Pastinaken schälen, in Streifen schneiden und in etwas Wasser garen.
Die Knoblauchzehe schälen, fein reiben und in der Butter andünsten. Das Mehl zugeben und gut verrühren. Mit dem Weißwein, der Sahne und dem Kochsud ablöschen, zu einer cremigen Sauce einköcheln lassen und mit den Gewürzen abschmecken. Die Pastinakenstreifen unter die Sauce heben und mit dem feingehackten Sauerampfer garnieren.

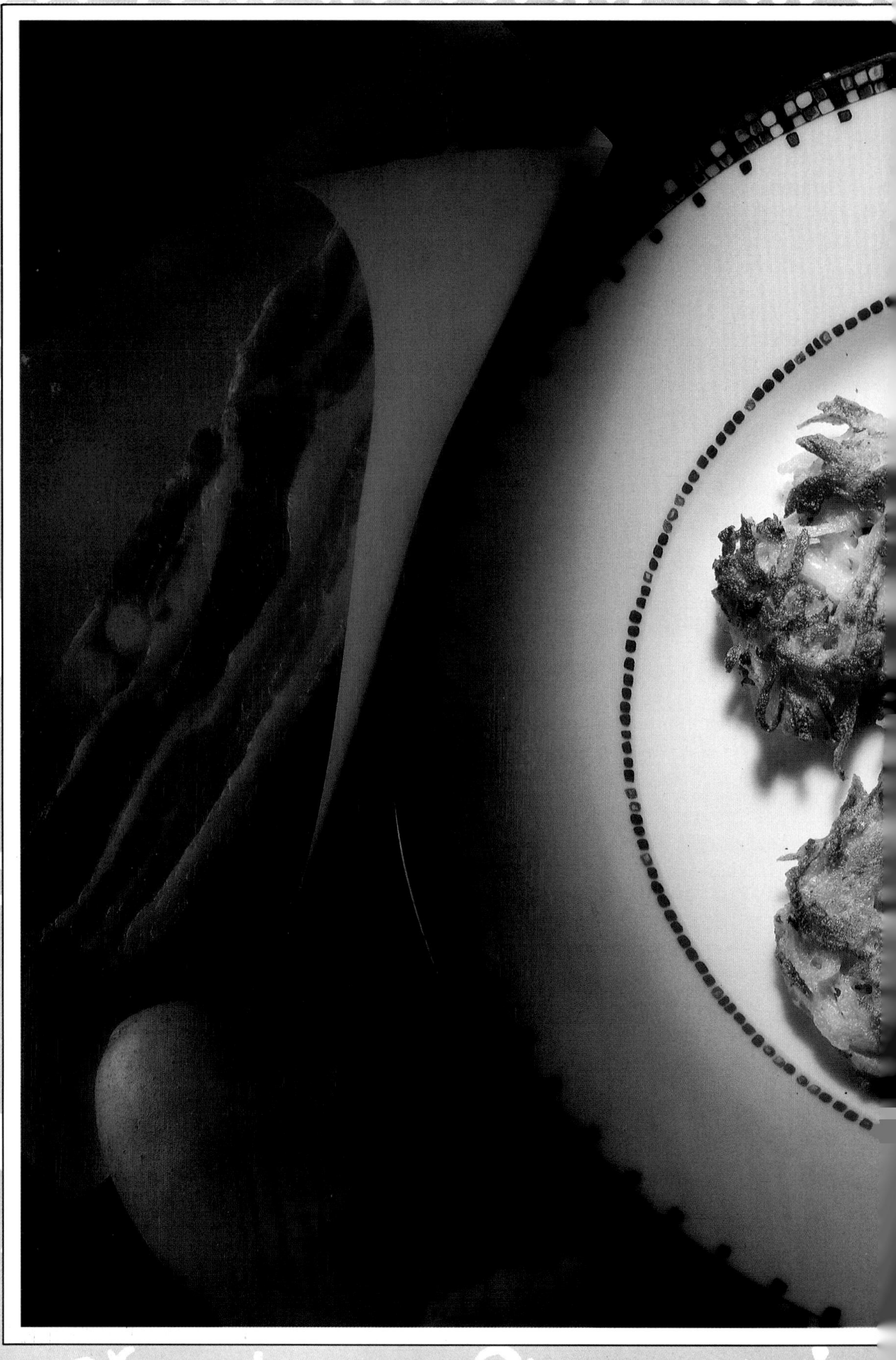

nig Butter (drei Loth [5

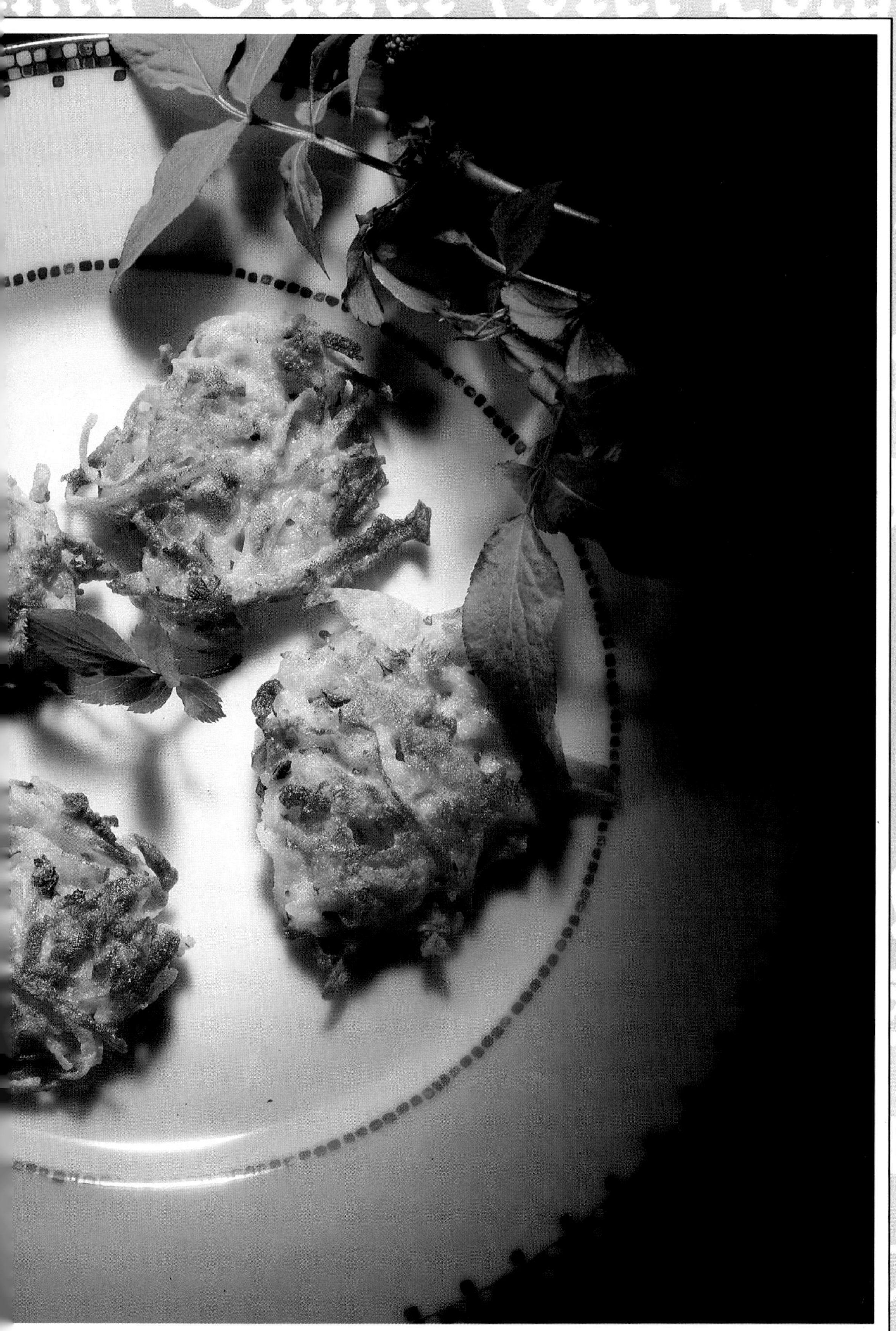

is drei Stunden ist sie

Saure Erdartischocken

Zutaten

350 g Erdartischocken (Topinambur)
50 g Butter
1 rote Zwiebel
1 EL Essig
Salz, Pfeffer
1 Bd. Schnittlauch

Zubereitung

Die Erdartischocken in Salzwasser bißfest garen, mit kaltem Wasser abschrecken und die dunkleren Stellen ausstechen. Die Butter in einer Pfanne erhitzen, die kleingewürfelte Zwiebel darin glasig dünsten und mit dem Essig und den Gewürzen abschmecken. Die Erdartischocken zugeben, erwärmen und mit Schnittlauchröllchen bestreuen.

Babyromanesco

Zutaten

4 St. Babyromanesco
1 EL Gemüsebrühe (instant)
2 EL Mehl
50 g Butter
Salz, Pfeffer

Zubereitung

Romanesco ist ein modernes Gemüse, ein grüner Blumenkohl, dessen Blütenstand kleinen Türmchen gleicht –, sehr fein im Geschmack. Mittlerweile werden auch kleine Stücke verkauft, der sog. Babyromanesco.
Den Romanesco vom Strunk befreien und in kochendem Salzwasser bißfest garen. Den Kochsud mit der Instantbrühe abschmecken und etwas abkühlen lassen.
Das Mehl in der erhitzten Butter glasig braten, mit dem Kochsud ablöschen und zu einer cremigen Sauce einkochen lassen, abschmecken. Den Romanesco anrichten und mit der Sauce servieren.

◁ Kartoffelkrusteln mit Speck, Rezept S. 148

Austernpilzküchlein

Zutaten

500 g Austernpilze
50 g Kerbel
50 g gemahlene Walnüsse
3 Eier
20 Pistazienkerne
1 EL Mehl
Salz, Pfeffer
Butter für die Förmchen
4 kleine Souffléförmchen

Zubereitung

Die Austernpilze mit einem Küchentuch abreiben und sehr fein hacken. Den Kerbel waschen und ebenfalls kleinschneiden. Alle Zutaten miteinander verrühren und mit den Gewürzen abschmecken. Die Souffléförmchen ausbuttern, mit der Masse dreiviertelhoch füllen und im Backofen bei 200 °C ca. 25 Minuten backen.
Zum Anrichten stürzt man einfach die Austernpilzküchlein auf eine Platte.

Steinpilzragout

Zutaten

100 g frische Steinpilze
2 kleine Birnen
1 Stange Lauch
1 kleine Zwiebel
50 g Butter
0,1 l trockener Weißwein
0,2 l süße Sahne
1 Bd. Schnittlauch
Salz, Pfeffer

Zubereitung

Die Steinpilze putzen, mit einem Tuch abreiben und in feine Scheiben schneiden. Die Birnen schälen und mit dem Lauch in dünne Scheiben schneiden. Die Zwiebel schälen und fein würfeln.
Die Steinpilze in der heißen Butter anbraten, die Zwiebeln, den Lauch zugeben und kurz mitbraten. Mit dem Weißwein und der Sahne ablöschen und köcheln lassen. Die Birnenscheiben erst etwas später in die Sauce geben. Vor dem Anrichten die Schnittlauchröllchen über das Ragout streuen.

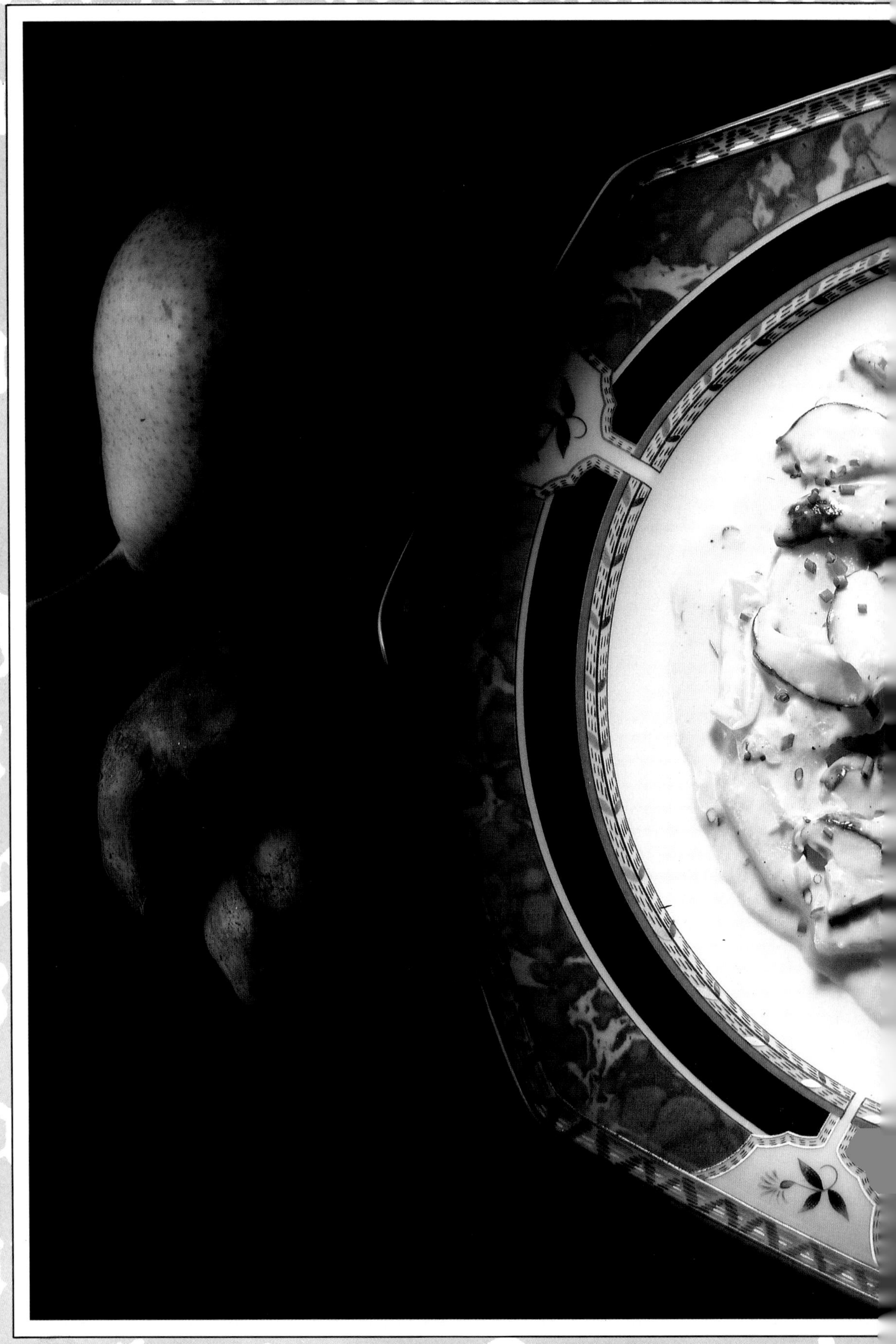

nig Butter (drei Loth [5

ine

was

ei

die

am

gieß

un

e, n

all

is drei Stunden ist sie

Überbackener Chicorée

Zutaten

4 mittelgroße Chicoréestauden
2 Eigelb
¹/₄ l süße Sahne
Salz, Pfeffer
50 g Kerbel

Zubereitung

Den Chicorée in kochendem Salzwasser 5 Minuten vorgaren und in kaltem Wasser abschrecken.
Die Eigelbe mit der Sahne, den Gewürzen und dem feingehackten Kerbel verrühren. Den Chicorée in einzelne Blätter teilen, sternförmig auf feuerfesten Tellern anrichten und mit der Sauce bestreichen. Im Backofen bei 220 °C goldgelb überbacken.

Staudensellerie mit Kruste

Zutaten

500 g Staudensellerie
1 kleine Zwiebel
1 EL Anislikör
1 EL Weißwein
50 g Allgäuer Emmentaler
¹/₂ Bd. Estragon
Salz, Pfeffer

Zubereitung

Den Staudensellerie in fünf bis sechs Zentimeter lange Streifen schneiden und in Salzwasser bißfest garen.
Die Zwiebel schälen, fein würfeln und mit dem Anislikör, dem Weißwein und dem geriebenen Käse zu einer sämigen Creme verrühren. Die Selleriestreifen in eine feuerfeste Form schichten, mit der Creme bestreichen und im Backofen überkrusten.
Den Estragon in feine Streifen schneiden und als Garnitur auf dem Staudensellerie anrichten.

◁ Steinpilzragout, Rezept S. 153

Teltower Rübchen

Zutaten

4 Teltower Rübchen
1 Fleischtomate
1 kleiner Zucchino
1 Bd. Zitronenthymian
50 g Butter
¹/₄ l Weißwein
50 g Semmelbrösel
Salz, Pfeffer

Zubereitung

Die Teltower Rübchen in Salzwasser 15 Minuten köcheln lassen. An der Kopfseite einen Deckel abschneiden und das Rübchen aushöhlen. Das Fruchtfleisch zusammen mit der Tomate und dem Zucchino klein würfeln, mit dem fein geschnittenen Zitronenthymian, dem Weißwein, der Butter und den Semmelbröseln vermengen und würzen. Anschließend wieder in die Rübchen füllen. Die gefüllten Rübchen im Backofen 10 Minuten bei 200 °C backen und sofort servieren.

Gefüllte Zucchini

Zutaten

3 Zucchini
1 Karotte
100 g Champignons
2 EL Sahne
1 Ei
Salz, Pfeffer
etwas Butter

Zubereitung

Von den Zucchini beide Enden abschneiden und mit einem kleinen Löffel das Innere aushöhlen. Die Karotte mit dem Zucchinimark und den Champignons fein hacken und in einer Pfanne mit etwas Butter anbraten. Mit Salz und Pfeffer abschmecken, mit der Sahne ablöschen und alles zu einer sämigen Masse reduzieren. Etwas abkühlen lassen, das Ei daruntermischen und in die Zucchini füllen. Die gefüllten Zucchini in eine feuerfeste Form legen und abgedeckt 10 Minuten bei 180 °C im Backofen garen. Die Temperatur auf 210 °C erhöhen, den Deckel abnehmen und weitere 5 Minuten backen lassen.

wiebel fein gewiegt, ein n

getr
chs
schn
ne
id g
ann
Sähr
was
ha
h u

h ausbrate. In zwei

All
ine
was
ein
die
am
gieß
un
e, n
alle

Gemüsekroketten

Zutaten

*500 g gemischtes Gemüse: Maiskörner,
Zucchini, Lauch, Sellerie
2 EL Mehl
2 Eier
Salz, Pfeffer
1 Bd. krause Petersilie
Paniermehl
Butter zum Ausbraten*

Zubereitung

Das geputzte Gemüse in kleine, gleichgroße Stücke schneiden und in Salzwasser kurz garen. Gut abtropfen lassen, mit dem Mehl vermengen und mit Salz, Pfeffer und der kleingeschnittenen Petersilie würzen. Die Eier in einer kleinen Schüssel verrühren und ebenfalls mit etwas Salz würzen. Das Paniermehl auf einen flachen Teller geben. Das Gemüse zu kleinen Kroketten formen und in dem Ei und Paniermehl wenden. Etwas Butter in einer Pfanne erhitzen und darin die Gemüsekroketten von allen Seiten goldbraun braten.

Kartoffel-Auflauf mit Tomaten

Zutaten

*4 Tomaten
4 kleine Kartoffeln
1 Zwiebel
1 Knoblauchzehe
$3/8$ l Sahne
2 EL Weißwein
Salz, Pfeffer, Muskat*

Zubereitung

Die Tomaten mit kochendem Wasser überbrühen, schälen und in Scheiben schneiden. Die Kartoffeln, die Zwiebel und die Knoblauchzehe schälen und ebenfalls in dünne Scheiben schneiden. Alle Zutaten abwechselnd in eine feuerfeste Form schichten, mit der Sahne und dem Weißwein übergießen und mit den Gewürzen abschmecken. Im Backofen bei 210°C ca. 40 Minuten backen, bis die Flüssigkeit verdampft ist.

◁ Überbackener Chicorée, Rezept S. 156

Krustenbrot

Zutaten

50 g Haselnüsse
50 g Walnüsse
750 g Roggenmehl
400 g Roggenschrotmehl
25 g Hefe
60 g Sauerteig
ca. 0,7 l Wasser
1 Zwiebel
1 Knoblauchzehe
100 g Speck
200 g Allgäuer Emmentaler
Salz

Zubereitung

Die Haselnüsse mit den Walnüssen grob zerkleinern, mit dem Mehl vermischen und an einem warmen Ort stehen lassen.

Die Hefe mit dem Sauerteig und etwas lauwarmem Wasser verrühren und an einem warmen Ort 65 Minuten gehen lassen.

Die Zwiebel und den Knoblauch schälen und mit dem Speck fein würfeln. In einer Pfanne mit etwas Öl farblos anschwitzen. Den Käse sehr fein reiben und ebenfalls unter das Mehl mischen.

Den Vorteig mit den restlichen Zutaten und etwas Wasser zu einem Teig verkneten. Dieser Teig sollte mindestens 10 Minuten geknetet werden. An einem warmen Ort wiederum 40–50 Minuten gehen lassen.

3–4 kleinere Brote formen, mit Wasser bepinseln und im Backofen bei 210–230 °C in ca. 55 Minuten knusprig backen. Die Brote nach dem Backen nochmals mit etwas Wasser bestreichen.

Frische Butter mit Kräutern, oder eine grobe Leberwurst lassen dieses Brot zur Hauptspeise werden. Das Krustenbrot ist auch sehr gut zum Einfrieren geeignet.

Walnußbrötchen

Zutaten

400 g Mehl
100 g gemahlene Walnüsse
25 g Hefe
1 TL Zucker
1/4 l Milch
1 TL Salz
Milch zum Bestreichen
Walnüsse zur Garnitur

Zubereitung

Das Mehl mit den gemahlenen Walnüssen in eine Schüssel geben, eine Vertiefung eindrücken, die zerkleinerte Hefe mit dem Zucker und etwas lauwarmer Milch hineingeben. Mit einem Teil des Mehls zu einem Vorteig verrühren und 50–60 Minuten gehen lassen.

Das Salz, das restliche Mehl und die Milch untermengen und kräftig mit dem Rührlöffel schlagen. Zu einem Ballen formen und wiederum 30 Minuten gehen lassen.

Kleine Brötchen formen, mit etwas Milch bestreichen und die Walnußkerne als Verzierung leicht eindrücken. Nochmals kurz auf dem Backblech gehen lassen und dann bei 220 °C im Backofen 15–10 Minuten backen lassen.

Quark & Käse

Für viele Feinschmecker ist Käse statt einer Süß-speise der gelungene Abschluß eines opulenten Mahls. Ein wenig Obst dazu vervollkommnet den Geschmack: Birne, Apfel, Pfirsich, Trauben. Ein letz-tes Glas Wein, und das Essen war köstlich.

Mit Käse kann man aber noch viel mehr machen. Er kann einen ganzen kulinarischen Tag begleiten: Zum Frühstück mag man Frisch- oder Hartkäse. Mit-tags wird er gerne zum Überbacken von Aufläufen benutzt oder gerieben über das Lieblingsgericht aller Kinder gestreut. Ein sorgfältig zubereitetes Käse-soufflé gehört zu den Delikatessen. Abends freut man sich auf einen würzigen Obatzten, auf einen fri-schen Kräuterquark oder einen »Ressernen« … Das Milchprodukt Käse ist unglaublich vielfältig!

Als Verbraucher weiß man meist nicht, wieviel Ar-beitsaufwand und Sorgfalt die Herstellung von Käse erfordert. Das beginnt beim Rohstoff, der Milch. Nicht jede ist geeignet. Und viele Käsereien bezie-hen ihre Milch aus ausgewählten Weideregionen. Wichtig ist auch die Herstellungsart und Lagerung. Das große Geheimnis des Unterschieds jeder Sorte steckt in den Kleinlebewesen, Lab, Milchsäurebak-terien oder Edelschimmelkulturen. So wird die eine Sorte mild und fast geruchlos, eine andere »beizt« und riecht stark.

Wann ist ein Käse richtig reif? Auch das hängt ab von der Sorte und dem persönlichen Geschmack. Zu scharf sollte er im Geruch nicht werden; das beein-trächtigt das Geschmackserlebnis. »Laufen« darf ein Camembert schon, nur nicht weglaufen, denn dann ist der Reifegrad überschritten.

Im modernen Haushalt wird Käse oft zu kalt, nämlich im Kühlschrank, aufbewahrt. Ein besserer Platz für ihn wäre eine kühle Speisekammer. Da man die ja leider oft nicht hat, sollte Käse etwa eine Stunde vor dem Genuß aus dem Kühlschrank genommen wer-den, damit sich sein Geschmack bei Raumtempera-tur voll entfalten kann.

Käsetrüffel

Zutaten

150 g reifer Camembert
100 g weiche Butter
50 g Quark (40% Fettgehalt)
1 Knoblauchzehe
1 kleine Zwiebel
Salz, Pfeffer
Muskat
gemahlener Kümmel

100 g Sonnenblumenkerne
60 g weißer Sesamsamen
1 Bd. Schnittlauch
1 Bd. Basilikum

Zubereitung

Den reifen Camembert entrinden, den Käse zerkleinern, dann mit der Butter und dem Quark verrühren. Den Knoblauch und die Zwiebel schälen, sehr fein schneiden und mit den Gewürzen zu der Creme geben. Nochmals gut durchmischen und im Kühlschrank fest werden lassen.

Die Sonnenblumenkerne etwas kleiner hacken und in einer Pfanne ohne Fett rösten. Die Sesamkörner ebenfalls bräunen. Den Schnittlauch und das Basilikum waschen, trockenschleudern und sehr fein schneiden.

Aus der festgewordenen Käsemasse kleine Kugeln formen und in den verschiedenen Kräutern und Kernen wenden.

Zum Servieren kann man die Trüffeln in kleine Pralinenförmchen füllen.

Birne mit Blauschimmelkäse

Zutaten

4 kleine saftige Birnen
250 g Blauschimmelkäse
0,1 l saure Sahne
Paprikapulver
Pfeffer, Salz nach Bedarf
50 g Walnußkerne

Zubereitung

Die reifen und sehr saftigen Birnen halbieren, das Kerngehäuse auslösen und die Vertiefung noch erweitern. Den Blauschimmelkäse mit einer Gabel zerkleinern, mit der sauren Sahne mischen und mit den Gewürzen nach Geschmack abrunden. In die Birnen füllen und mit den gehackten Walnüssen garnieren. Gut gekühlt servieren.

Würziger Käsesalat

Zutaten

1 Bd. Frühlingszwiebeln
1 Bd. Radieschen
2 Tomaten
1 Bd. Schnittlauch
500 g Romadur
Kümmel
3 EL Essig
3 EL Öl
3 El Wasser
Salz, Pfeffer

Zubereitung

Die Frühlingszwiebeln, die Radieschen und die Tomaten waschen und kleinscheiden. Den Schnittlauch in feine Ringe schneiden. Den Romadur in dünne Scheiben schneiden und auf einer großen Platte sternförmig anrichten. Mit den kleingeschnittenen Zutaten garnieren, mit Kümmel bestreuen und mit der Marinade aus Essig, Öl, Wasser, Salz und Pfeffer übergießen.
Dieser würzige Salat sollte vor dem Anrichten 30 Minuten durchziehen können und schmeckt mit einem Bauernbrot wunderbar.

Eingelegter Käse

Zutaten

500 g Sahnequark (40% Fettgehalt)
1 kleine Zwiebel
1 Knoblauchzehe
50 g Kerbel
1 Bd. Petersilie
Salz, Pfeffer

2 Knoblauchzehen, geschält
3 Pfefferkörner
1 Lorbeerblatt
1 Zweig Estragon
kalt gepreßtes Olivenöl

1 Glas zum Einlegen

Zubereitung

Ein Küchentuch in ein Sieb legen und darin den Sahnequark mehrere Stunden abtropfen lassen. Zum Schluß die restliche Flüssigkeit auspressen.
Die Zwiebel und die Knoblauchzehe schälen und zusammen mit dem gewaschenen Kerbel und der Petersilie fein hacken. Zum Quark geben und mit Salz und Pfeffer aus der Mühle abschmecken. (Die Käsemasse sollte etwas kräftiger abgeschmeckt werden.)
Das Glas mit den geschälten Knoblauchzehen, den Pfefferkörnern, dem Lorbeerblatt, dem Estragonzweig und dem Olivenöl zur Hälfte füllen. Die Käsemasse zu kleinen Würfeln oder Kugeln formen und in der Marinade einlegen.
Dieser eingelegte Käse läßt sich längere Zeit im Kühlschrank aufbewahren und schmeckt gut zu Salaten, aber auch pur zu einem Stück Brot.

Limburger mit neuen Kartoffeln

Zutaten

400 g neue Kartoffeln
Salz
Pfeffer aus der Mühle
300 g Stangenlimburger
1 EL Kümmel

Zubereitung

Die Kartoffeln mit einer Bürste unter fließendem Wasser reinigen und mit dem Salz und Pfeffer aus der Mühle bestreuen. Auf ein Backblech legen und in ca. 35–40 Minuten bei 220°C ohne Fett knusprig backen.
In der Zwischenzeit den Limburger in dünne Scheiben schneiden, mit dem Kümmel bestreuen und im Backofen ebenfalls bei 220°C überbacken. Mit den neuen Kartoffeln umlegen und sofort anrichten.

Pfannkuchen mit Blauschimmelkäse

Zutaten

100 g weicher Blauschimmelkäse
250 g Mehl
3 Eier
Milch zum Glattrühren
75 g Butter
Salz, Pfeffer aus der Mühle

Zubereitung

Den Blauschimmelkäse entrinden und mit einer Gabel fein zerteilen. Das Mehl mit den Eiern mischen, den Käse zugeben und mit der Milch zu einem zähflüssigen Teig verrühren. Mit den Gewürzen abschmecken und im Kühlschrank 15 Minuten ruhen lassen.
Die Butter in einer Pfanne erhitzen und darin goldgelbe Pfannkuchen ausbacken.
Als Beilagen eignen sich frischer Spargel oder gemischter Salat.

◁ Limburger mit neuen Kartoffeln, Rezept siehe oben

Käsmaultaschen

Nudelteig:

500 g Mehl
4–5 Eier
1 EL Sonnenblumenöl
Salz, etwas Wasser

Füllung:

1 Bd. Oregano
1 Bd. Petersilie
1 EL Mehl
100 g geriebener Hartkäse
3 Eier
400 g Doppelrahm-Frischkäse
Salz, Zitronenpfeffer

2 Eigelb
1 l Fleischbrühe

Zubereitung

Aus dem Mehl, den Eiern, Öl, Salz und dem Wasser einen nicht zu weichen Nudelteig herstellen. Im Kühlschrank eine Stunde ruhen lassen.

Die Kräuter waschen und fein hacken. Das Mehl mit dem geriebenen Hartkäse mischen und zusammen mit den Eiern aufschlagen. Den Frischkäse unterrühren und mit dem Salz und dem Zitronenpfeffer abschmecken.

Den Nudelteig zu einem Rechteck ausrollen und mit der Kräutermasse bestreichen. An allen Rändern zwei Zentimeter freilassen und mit dem Eigelb bepinseln. Von der Längsseite her aufrollen und schräg Maultaschen von drei Zentimeter Länge schneiden. In der heißen, jedoch nicht kochenden Fleischbrühe 15–20 Minuten garen.

Die Maultaschen werden mit der Brühe angerichtet. Schneidet man kleinere Maultaschen, eignen sie sich auch als Suppeneinlage.

Gefüllte Paprikaschoten

Zutaten

8 kleine Paprikaschoten
1 Zwiebel
1 Knoblauchzehe
1 Bd. Schnittlauch
350 g Doppelrahm-Frischkäse
0,1 l saure Sahne
Salz, Pfeffer
Cayenne-Pfeffer
gehackter Kümmel

Zubereitung

Von den Paprikaschoten den Deckel abschneiden, die Kerne entfernen und die Schoten unter fließendem Wasser reinigen. Die Zwiebel und die Knoblauchzehe schälen und sehr fein schneiden. Den Schnittlauch waschen und kleinschneiden. Die Zutaten mit dem Doppelrahm-Frischkäse und der Sahne verrühren und mit den Gewürzen abschmecken.

Die Creme in die Paprikaschoten füllen, mit dem Deckel verschließen und servieren.

Hierzu paßt am besten Pumpernickel oder krustiges Bauernbrot.

n in Butter (drei Loth [5

ine

was

et

die

an

gret

z un

n

all

Käsetörtchen mit Kräutern

Zutaten

200 g Allgäuer Höhlenemmentaler
1 Bd. Schnittlauch
1 Bd. Petersilie
5 Eier
³/₄ l Milch
Salz, Pfeffer
1 Prise Muskat
Förmchen zum Backen
etwas Butter

Zubereitung

Den Käse fein reiben und mit den gehackten Kräutern und den Eiern mischen. Die Milch mit etwas Salz erhitzen und vorsichtig unter die Käse-Kräuter-Mischung rühren. Unter ständigem Rühren nochmals erhitzen, mit Pfeffer und Muskat abschmecken und sofort in die ausgebutterten Förmchen gießen. Im Wasserbad im Backofen 45 Minuten bei 200 °C backen lassen.
Die Förmchen etwas abkühlen lassen und auf Teller stürzen.
Mit einem herzhaft angemachten Salat sind diese Käsetörtchen eine abwechslungsreiche Vorspeise.

Käsesoufflé mit Basilikum

Zutaten

300 g Doppelrahm-Frischkäse
0,1 l Sahne
2 Eigelb
Paprikapulver
Saft einer halben Zitrone
Salz, Pfeffer
50 g geriebener Hartkäse
1 Bd. Basilikum
2 Eiweiß
Butter für die Förmchen

Zubereitung

Den Frischkäse mit der Sahne, dem Eigelb, den Gewürzen und dem geriebenen Hartkäse cremig rühren. Das Basilikum waschen, sehr fein hacken und ebenfalls mit der Creme mischen. Das Eiweiß sehr steif schlagen und vorsichtig unter die Käsemasse heben. Die ausgebutterten und gekühlten Souffléförmchen damit zu 2/3 füllen und im Backofen bei 200 °C ca. 25–35 Minuten aufgehen lassen. Mit einem Zahnstocher oder einem längeren Holzspieß eine Garprobe machen. Die Soufflés aus dem Backofen nehmen und sofort servieren.

◁ Pfannkuchen mit Blauschimmelkäse, Rezept S. 168

Gebrannter Auflauf

Zutaten

3 Eier
0,3 l Milch
0,1 l Sahne
150 geriebener Emmentaler
Paprikapulver
Muskat
Salz, Pfeffer
16 Scheiben Vollkorntoast
2 Tomaten

Zubereitung

Die Eier mit der Milch, der Sahne, der Hälfte des geriebenen Emmentalers und den Gewürzen verrühren. Die Vollkorntoastscheiben schichtweise in eine feuerfeste Form geben, jeweils mit der Flüssigkeit bedecken und die nächste Schicht einlegen. Zum Schluß den restlichen Emmentaler und die in dünne Streifen geschnittenen Tomaten darübergeben und im Backofen 20 Minuten bei 200°C backen. Den Backofen auf 230°C stellen und den Auflauf krustig überbacken lassen.

Dieser Auflauf eignet sich als eigenständiges Gericht mit einem Salat oder als Beilage zu einem würzigen Fleisch, wie z. B. Lamm.

Ausgebackene Käsestifte

Zutaten

500 g Kartoffeln
2 Eier
200 g geriebener Hartkäse
Salz, Pfeffer
Muskat, gerieben
Fett zum Ausbacken

Zubereitung

Die Kartoffeln schälen, kleinschneiden und in reichlich Salzwasser garen.

Die Eier mit dem geriebenen Käse vermischen und leicht schaumig rühren. Die abgekühlten Kartoffeln durch ein Sieb streichen und zu der Eier-Käse-Masse geben. Mit den Gewürzen abschmecken, kleine Stifte von ca. vier Zentimeter Länge formen und in dem erhitzten Fett goldgelb ausbacken. Auf einem Papiertuch abtropfen lassen und sofort servieren.

Mit einem Glas Wein schmecken die Käsestifte am besten.

wiebel fein gewiegt, ein

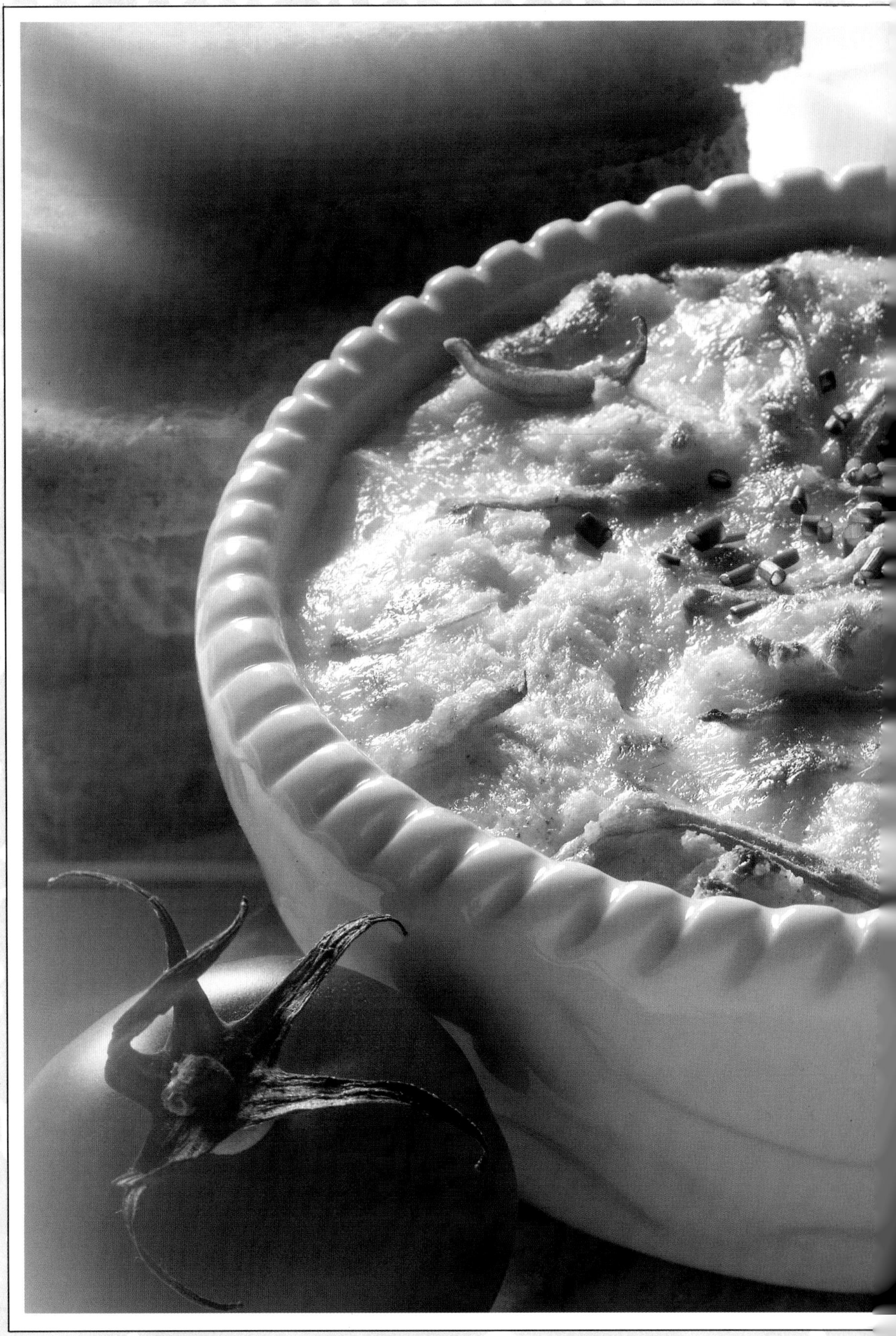

h ausbrate. In zwei

Käsekringel mit gekochtem Schinken

Teig:

250 g Mehl
120 g Butter
50 g geriebener Allgäuer Emmentaler
50 g geriebener Hartkäse
2 Eiweiß
1 Eigelb
3 EL Milch
1 TL Salz

250 g gekochter Schinken

Zubereitung

Das Mehl auf eine Arbeitsplatte sieben und mit den restlichen Zutaten rasch zu einem geschmeidigen Mürbeteig verarbeiten. Im Kühlschrank mindestens eine Stunde ruhen lassen.
Mit dem Spritzbeutel runde Kringel auf ein gefettetes Backblech spritzen und im Backofen bei 210 °C goldbraun backen.
Quer halbieren, mit dem gekochten Schinken belegen und noch warm servieren.
Die Käsekringel lassen sich gut vorbereiten und sind im Backofen schnell aufgewärmt.

Gefüllter Brandteig

Teig:

1/4 l Milch
110 g Butter
Salz, Muskat
220 g Mehl
5 Eier

Füllung:

150 g Quark (40% Fettgehalt)
1 Tomate
1 Bd. Schnittlauch
1 Bd. Basilikum
Salz, Pfeffer aus der Mühle

Zubereitung

Die Milch mit der Butter, Salz und Muskat aufkochen und auf einmal das Mehl zugeben. Mit einem Kochlöffel so lange rühren, bis sich die Masse wie ein Kloß vom Boden löst und in eine Schüssel umfüllen. Etwas abkühlen lassen und dann die Eier nach und nach einrühren.
Die Masse ganz abkühlen lassen. Ein Backblech einfetten und darauf mit einem Spritzbeutel kleine Rosetten spritzen. Bei 220 °C ca. 15–20 Minuten backen, herausnehmen und sofort quer halbieren.
Den Quark glattrühren.
Die Tomate mit kochendem Wasser überbrühen, schälen und klein würfeln. Den Schnittlauch und das Basilikum waschen, sehr klein hacken und mit dem Quark verrühren. Mit Salz und Pfeffer abschmecken.
Die Quarkmasse in die ausgekühlten Brandteighälften füllen, den Deckel daraufsetzen und im Kühlschrank gut durchkühlen lassen.
Die gefüllten Brandteig-Rosetten lassen sich gut vorbereiten und sind eine dekorative Bereicherung jeden Buffets.

◁ Gebrannter Auflauf, Rezept S. 173

Sahniger Käse-Zwiebel-Kuchen

Teig:

300 g Mehl
120 g Butter
2 Eiweiß
1 Eigelb
1 EL Salz
3 EL Milch

Zwiebel-Käse-Masse:

500 g Zwiebeln
1 Knoblauchzehe
150 g durchwachsener Speck
1 Bd. Schnittlauch
30 g Butter
1 Ei
200 g saure Sahne
150 g geriebener Emmentaler
Kümmel
Salz, Pfeffer

Zubereitung

Das Mehl auf eine Arbeitsfläche sieben und in der Mitte eine Vertiefung eindrücken. Die übrigen Teigzutaten hineingeben und alles zügig zu einem geschmeidigen Teig verarbeiten. Dieser Teig sollte nicht zu lange geknetet werden. Im Kühlschrank mindestens eine Stunde ruhen lassen.

Die Zwiebeln und die Knoblauchzehe schälen und in feine Ringe schneiden. Den Speck von der Schwarte lösen und fein würfeln. Den Schnittlauch in feine Ringe schneiden.

Die Butter in einem Topf erhitzen und darin den Speck, Knoblauch und Zwiebeln glasig dünsten. Abkühlen lassen und mit dem Ei, der sauren Sahne, dem Käse, den Gewürzen und dem Schnittlauch vermengen.

Den Mürbeteig in kleine Förmchen oder in eine Springform einfüllen, mit der Gabel kleine Löcher einstechen und mit der Zwiebel-Käse-Masse füllen. Im Backofen bei 210 °C ca. 45–50 Minuten backen.

Kleine Torteletts passen gut zu kalten Buffets. Als Kuchen serviert schmeckt am besten Tomatensalat dazu.

wiebel fein gewiegt, ein n

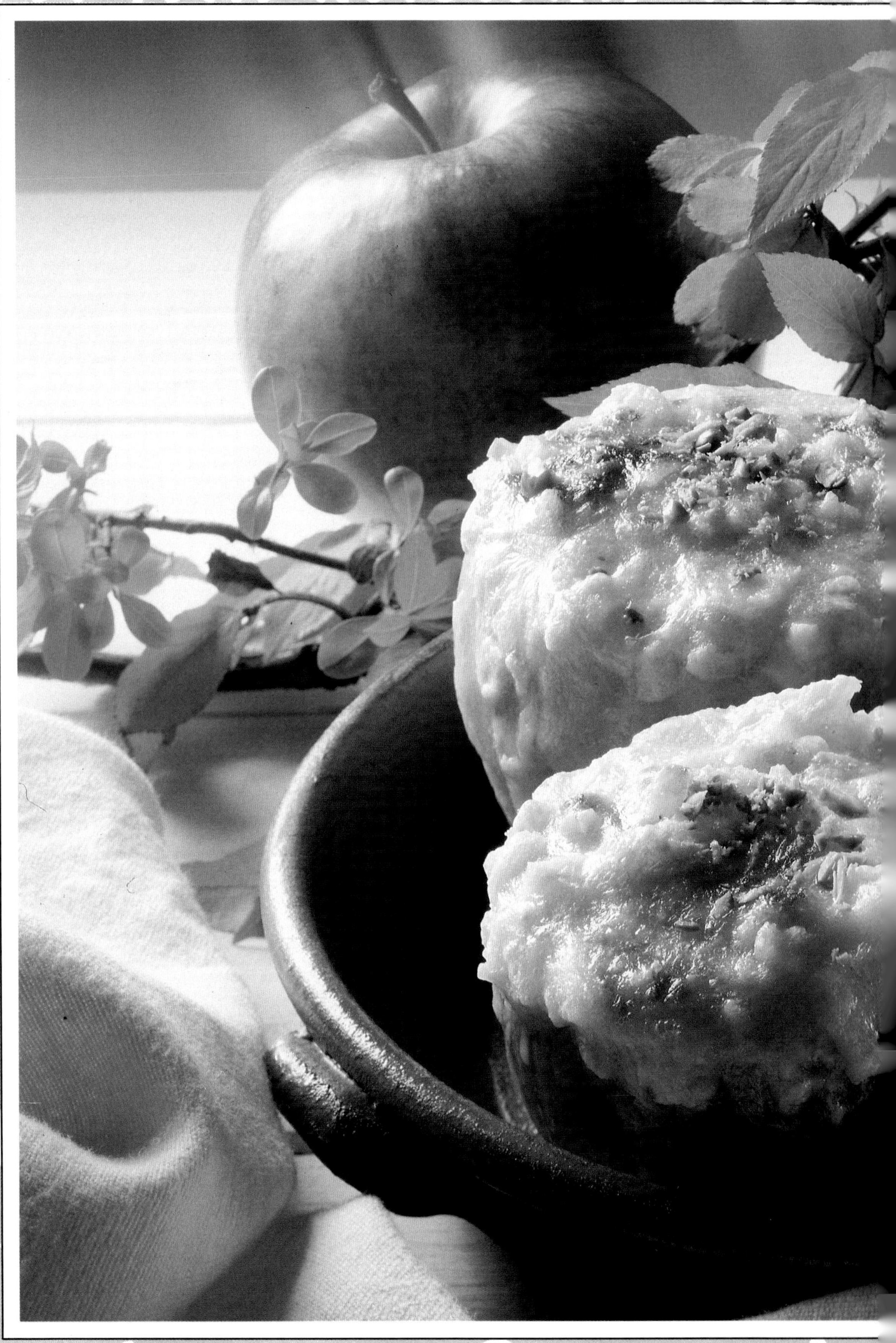

h ausbrate. In zwei

nia Butter (drei Loth [5

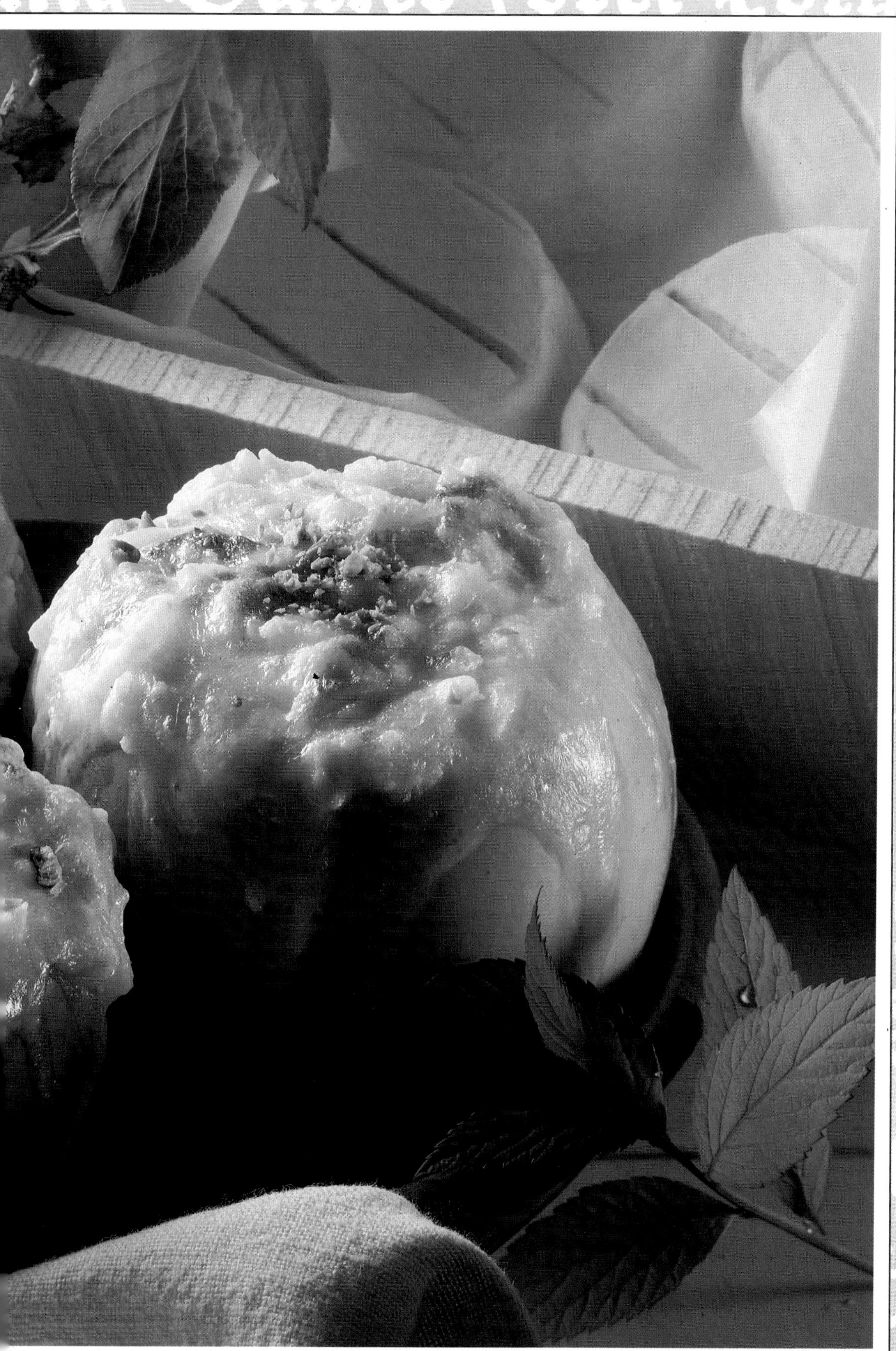

8 drei Stunden ist sie

Gefüllte Äpfel

Zutaten

0,1 l Weißwein
Saft einer Zitrone
0,4 l Wasser
4 kleinere Äpfel
300 g reifer Camembert
Salz, Pfeffer
1 EL Pistazien

Zubereitung

Den Weißwein mit dem Saft der Zitrone und dem Wasser aufkochen. Von den Äpfeln einen Deckel abschneiden und das Innere aushöhlen. Die Äpfel in Wasser und Wein blanchieren und in kaltem Wasser wieder abkühlen.

Das ausgehöhlte Apfelfleisch fein würfeln, mit dem Camembert mischen und in die Äpfel einfüllen. Im Backofen bei 200 °C ca. 30 Minuten garen lassen. Mit den Pistazien garnieren und servieren.

Diese Speise eignet sich als fruchtig-pikanter Abschluß eines Sommermenüs.

Käsekuchen

Teig:

300 g Mehl, 120 g Butter
2 Eiweiß, 1 Eigelb
2 EL Zucker
1 Prise Salz, 3 EL Milch

Belag:

5 Eigelb, 130 g Zucker
100 g Butter
Schale von einer Zitrone
50 g Stärkemehl
$1/4$ l saure Sahne
750 g Quark (40% Fettgehalt)
5 Eiweiß
1 EL Himbeergeist
Springform (28 cm Ø)

Zubereitung

Das Mehl auf eine Arbeitsfläche sieben und in die Mitte eine Vertiefung eindrücken und die übrigen Zutaten hineingeben. Alles zu einem geschmeidigen Teig kneten und im Kühlschrank mindestens eine Stunde ruhen lassen.

Eine große Springform ausfetten, den Boden mit dem Teig auslegen und mit einer Gabel feine Löcher einstechen.

In der Zwischenzeit die Eigelb mit dem Zucker schaumig schlagen. Die weiche Butter zugeben und weiterschlagen. Die Schale der Zitrone fein abreiben, mit dem Stärkemehl, der sauren Sahne und dem Quark unter die Eigelbmasse mischen. Die Eiweiß steif schlagen und ebenfalls unter die Creme heben. Die Quarkmasse in die Springform einfüllen und im Backofen bei 210 °C in ca. 50 Minuten goldbraun backen.

Aus dem Backofen nehmen, abkühlen lassen, die Springform entfernen und den Käsekuchen mit dem Himbeergeist beträufeln.

◁ Gefüllte Äpfel, Rezept siehe oben

Käseroulade

Teig:

4 Eier
1 TL Salz
100 g geriebener Hartkäse
100 g Mehl

Fülle:

500 g Doppelrahm-Frischkäse
1 Ei
0,2 l saure Sahne
Salz, Pfeffer
gemahlener Muskat
Cayenne-Pfeffer

1 Bd. Schnittlauch
Pistazien
blaue Weintrauben

Zubereitung

Die Eier mit dem Salz in der Küchenmaschine schaumig schlagen, den geriebenen Käse zugeben und nochmals kräftig durchschlagen. Das gesiebte Mehl vorsichtig unterheben und die Masse auf ein rechteckiges Backblech streichen. Im Backofen bei 200 °C in ca. 10–15 Minuten goldbraun backen.
Sofort aus dem Rohr nehmen, auf ein angefeuchtetes Tuch stürzen, zu einer Roulade formen und auskühlen lassen.
Währenddessen den Frischkäse mit dem Ei, der sauren Sahne und den Gewürzen verrühren. Den Schnittlauch in feine Röllchen schneiden. Die Roulade mit 2/3 der Creme füllen und wieder zusammenrollen. Mit der restlichen Creme die Oberfläche bestreichen und abwechselnd mit Pistazien und Weintrauben garnieren. Die Schnittlauchröllchen nach Geschmack ebenfalls als Garnitur drüberstreuen.

Käsefondue

Zutaten

300 g alter Allgäuer Emmentaler
250 g würziger Hartkäse
250 g alter Edamer
0,3 l Weißwein
1 Zwiebel
150 g Speck
2 Knoblauchzehen
0,1 l Sahne
2 EL Kirschschnaps
1 Prise Muskat
Pfeffer aus der Mühle
Weißbrotwürfel

Zubereitung

Den Käse fein reiben, mit dem Weißwein mischen und in einer Fonduekachel auf dem Herd vorsichtig unter ständigem Rühren erwärmen. Die Zwiebel und den Knoblauch schälen und zusammen mit dem Speck fein würfeln. In einer heißen Pfanne die Speckwürfel anbraten und nach und nach die Zwiebel mit dem Knoblauch andünsten. Zu dem geschmolzenen Käse geben und verrühren. Mit der Sahne, dem Kirschschnaps und den Gewürzen abschmecken, auf ein Rechaud stellen und mit den Weißbrotwürfeln servieren.
Hierzu trinkt man am besten einen kräftigen Schwarztee und hin und wieder ein Gläschen Schnaps.

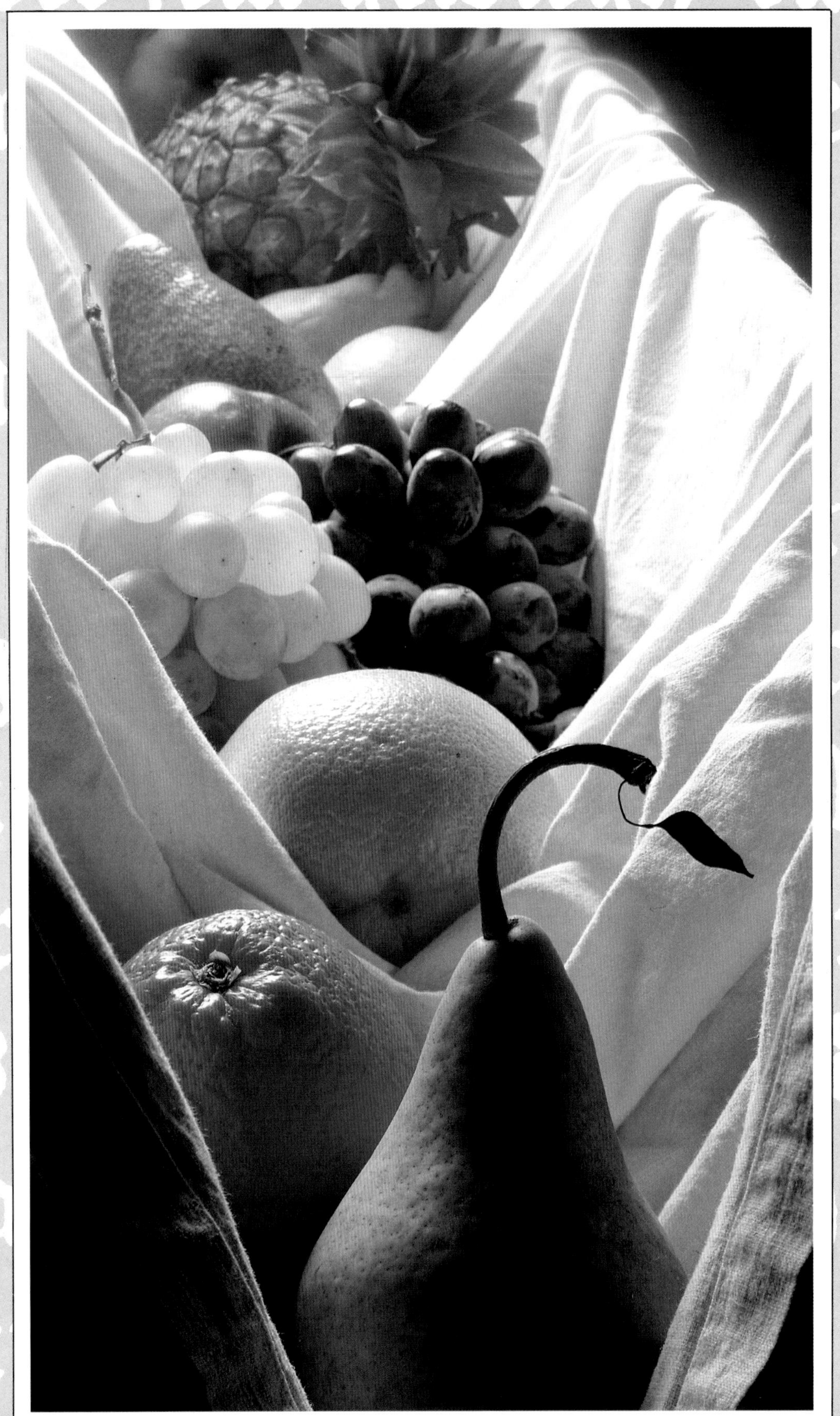

Süßspeisen
& Desserts

Zergeht nicht das Wort allein schon auf der Zunge? Kein Wunder, daß für viele der süße Abschluß eines guten Essens die Hauptsache am ganzen Menü bedeutet und ganz besonders für viele »harte« Männer!

Fertige Süßspeisen und Gebäcke aus der Tiefkühltruhe oder Konditorei sind selten so delikat wie die, die man noch in Großmutters Küche kannte. Deshalb steht ja auch das Selbermachen heute so hoch im Kurs. Und glücklich alle, die Omas Rezepte durch die Zeiten gerettet haben! Denn Süßspeisen und Desserts sind eine Spezialität, der man sich mit ganz besonderer Zuwendung widmen sollte.

Auch Mutter Natur spendet phantastische Desserts: Früchte vom Feinsten. In vielen südlichen Ländern sind sie als Nachspeise obligatorisch, dazu gesund und weniger kalorienreich. Und doch: Die Königin der Desserts ist und bleibt die selbstgemachte Süßspeise.

Zum Beispiel das in der eigenen Küche hergestellte Eis. Wir haben ihm ein eigenes Grundrezept (Mohneis, Seite 185) gewidmet, das Sie ganz nach Gusto mit geeigneten Zutaten auf Ihren Lieblingsgeschmack bringen können. Schön für die Optik sind große Teller und eine moderne Dekoration. Das ist sehr wirkungsvoll, aber es gibt kein Muß dabei. Lassen Sie Ihrer Phantasie freien Lauf.

Himbeergrütze

Zutaten

1/4 l Rotwein
0,4 l Himbeersaft
3 gehäufte EL Sago
1 kg Himbeeren
80 g Zucker

Zubereitung

Den Rotwein mit dem Himbeersaft in einen Kochtopf geben und darin den Sago 30 Minuten quellen lassen.
Die Himbeeren verlesen und eventuell waschen. Die Flüssigkeit erhitzen und so lange köcheln lassen, bis der Sago durchsichtig und die Flüssigkeit zäh geworden ist. Mit dem Zucker abschmecken, die Himbeeren zugeben und noch einmal kurz aufkochen lassen. Vorsichtig in Dessertgläser abfüllen, erkalten lassen und mit Vanillesauce oder Schlagsahne servieren.

Zimt-Eis

Zutaten

6 Eigelb
200 g Zucker
2 TL Zimt
1 TL Rum
1/2 l Milch
1/4 l Sahne
1 TL Zitronensaft

Zubereitung

Die Eigelbe mit dem Zucker, dem Zimt und dem Rum in der Küchenmaschine cremig schlagen. Die Milch und die Sahne erwärmen und vorsichtig unter die Eimasse rühren. Nochmals auf dem Herd erwärmen und dabei ständig rühren. Die Creme darf nicht ausflocken, sondern sollte langsam immer dicker werden. Abkühlen lassen und mit dem Zitronensaft abschmecken. In der Eismaschine oder im Gefrierfach gut durchfrieren lassen.
Dieses Eis paßt sehr gut zu überbackenen Früchten oder schmeckt auch einfach nur mit Schlagsahne.

Mohn-Eis

Zutaten

150 g Mohn
1 EL Kirschwasser
6 Eigelb
200 g Zucker
1/4 l Milch
1/2 l Sahne

Zubereitung

Den Mohn im Mixer etwas feiner mahlen und mit dem Kirschwasser vermischen. Die Eigelbe mit dem Zucker cremig rühren. Die Milch mit der Sahne erhitzen und die Ei-Zucker-Masse dazu geben. Nochmals auf dem Herd unter ständigem Rühren erhitzen und zum Schluß den Mohn unterrühren. Abkühlen lassen und in der Eismaschine oder im Gefrierfach gut durchfrieren lassen. Das Mohn-Eis paßt sehr gut zu Zimtbuchteln, aber auch zu einer warmen Vanillesauce.
Dieses Eisrezept kann als **Grundrezept** für viele Eisvariationen dienen:
Anstatt Mohn eignen sich auch z. B. gebrannte Mandeln, karamelisierte Haferflocken oder fein gehackter Nougat als Zugabe.

Gebackene Sauerkirschen mit Vanilleeis-Sauce

Zutaten

200 g Mehl
2 Eier
1 Prise Salz
1/8 l Milch
2 EL Kirschsaft

2 Eier
40 g Zucker
3 EL Weißwein
200 g Vanilleeis
500 g Kirschen mit Stiel
Fett zum Ausbacken

Zubereitung

Aus dem Mehl, den Eiern, dem Salz, der Milch und dem Kirschsaft einen zähflüssigen Teig herstellen und im Kühlschrank 20 Minuten quellen lassen.
Die Eier mit dem Zucker und dem Weißwein im Wasserbad schaumig schlagen. Vom Herd nehmen und unter ständigem Rühren erkalten lassen. Das Vanilleeis in kleine Stücke teilen und langsam unter die Eigelbmasse rühren.
Jetzt die Kirschen in dem Teig wenden, in dem nicht zu heißen Fett ausbacken und zum Abtropfen auf Küchenkrepp legen. Die noch heißen Kirschen mit der Vanilleeissauce auf Tellern anrichten.

wiebel fein gewiegt, ein m

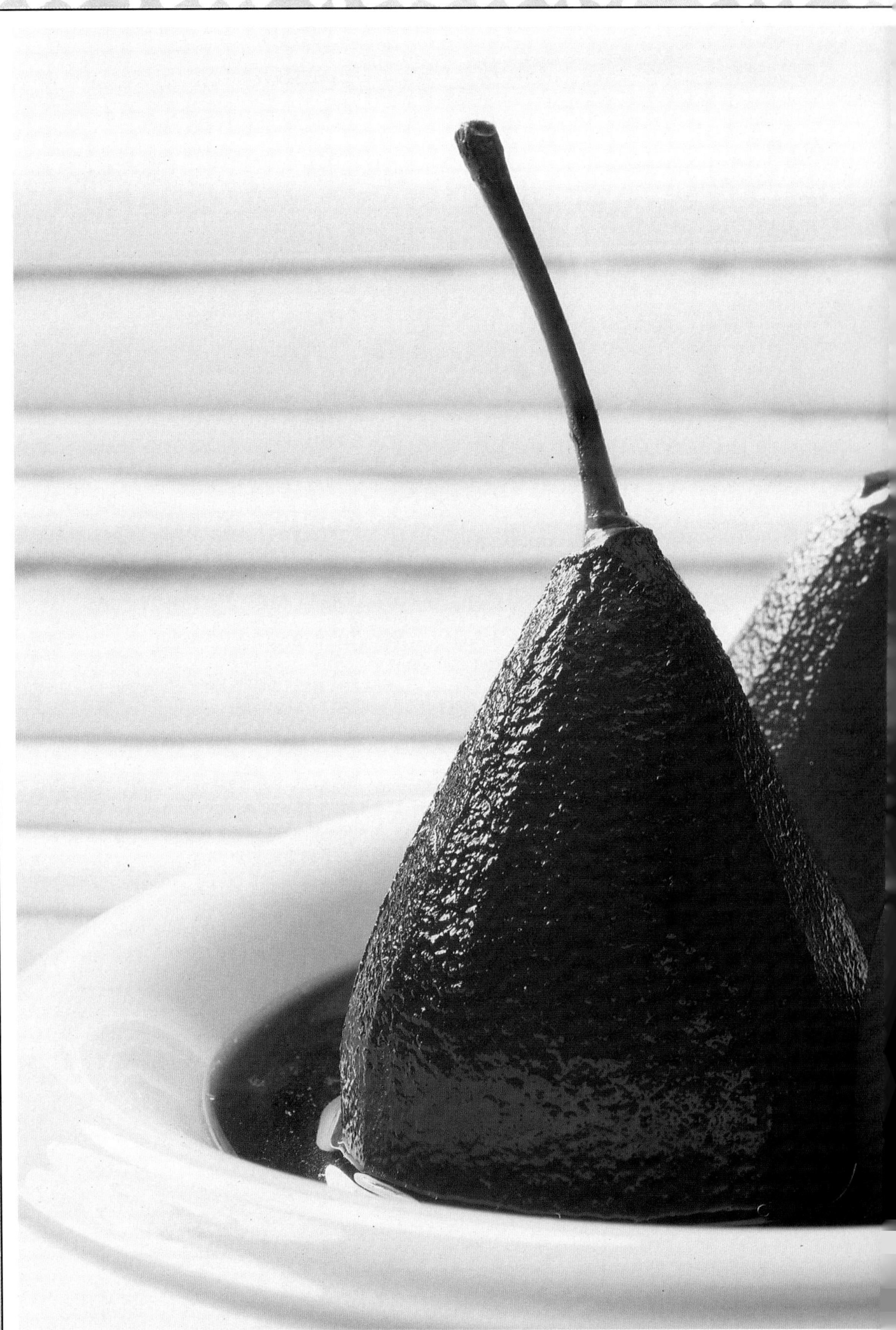

h ausbrate. In zwei

nia Butter (drei Loth [52

Au

ine

was

eir

die

am

gieß

un

e, n

all

18 drei Stunden ist hie

Williamsbirnen in Rotweinsauce

Zutaten

4 Williamsbirnen
$^1/_2$ l Rotwein
$^1/_4$ l Johannisbeersaft
1 Zimtstange
100 g Zucker
2 Nelken
Saft einer halben Orange

Zubereitung

Die Birnen schälen und das Kernhaus vom Blüten-
ansatz heraus entfernen. Den Rotwein und den Johannisbeersaft mit den Gewürzen mischen und in
einen hohen Topf geben. Die Birnen senkrecht in die
Flüssigkeit stellen und auf kleiner Flamme nicht zu
weich dünsten. Anschließend die roten Williamsbirnen auf einem Teller anrichten und mit der passier-
ten Rotweinsauce übergießen.
Zu diesem Dessert kann man auch eine Kugel Zimt-
eis (Rezept Seite 184) servieren.

Flambierte Pfirsiche

Zutaten

8 kleine Pfirsiche
$^1/_2$ l Wasser
250 g Zucker
$^1/_8$ l Weißwein
1 Prise Zimt
Saft einer Zitrone
2 Vanilleschoten
50 g Butter
50 g Zucker
50 g gehobelte Mandeln
2 EL milder Obstler

Zubereitung

Die Pfirsiche kurz mit heißem Wasser überbrühen
und die Haut abziehen. Das Wasser mit dem Zucker,
dem Weißwein, dem Zimt, dem Zitronensaft und
dem Mark der Vanilleschoten aufkochen und darin
die halbierten Pfirsiche 10 Minuten ziehen lassen.
Herausnehmen und auf vier Teller verteilen. Die Butter in einer Pfanne erhitzen, den Zucker und die ge-
hobelten Mandeln darin karamelisieren lassen und
über die Pfirsiche geben. Mit dem Obstler beträufeln
und brennend servieren.

◁ Williamsbirnen in Rotwein, Rezept siehe oben

Topfenmousse mit Erdbeeren

Zutaten

500 g Topfen (Quark)
4 Blatt Gelatine
100 g Zucker
3 Eigelb
500 g Erdbeeren
2 EL Erdbeerlikör
1/4 l Sahne
1 Bd. Pfefferminze
Dessertschalen zum Anrichten

Zubereitung

Den Topfen in ein Küchentuch geben und gut abtropfen lassen. Die Gelatine in etwas Wasser einweichen. In der Zwischenzeit den Zucker mit den Eigelben schaumig schlagen. Die Erdbeeren waschen, putzen, vierteln und mit dem Erdbeerlikör marinieren. Die Sahne steif schlagen. Jetzt alles vorsichtig unter den Topfen heben und mit der leicht erwärmten und aufgelösten Gelatine verrühren. Die Erdbeerviertel ebenfalls unterheben und das Ganze in die Dessertschalen füllen. Im Kühlschrank gut durchkühlen lassen und mit den Pfefferminzblättchen garnieren.

Dieses herrlich erfrischende Dessert läßt sich sehr gut vorbereiten.

Rumparfait mit gebrannten Mandeln

Zutaten

3/4 l Milch
Mark von einer Vanilleschote
4 Eigelb
130 g Zucker
1/4 l Sahne

100 g Rosinen
25 g Butter
100 g Mandeln in Stiften
50 g Zucker
2 EL Rum

Zubereitung

Die Milch mit dem Vanillemark aufkochen. Die Eigelbe mit dem Zucker schaumig schlagen und zusammen mit der Milch nochmals unter ständigem Rühren erhitzen, die Masse sollte aber nicht ausflokken. Dann sofort abkühlen lassen.

In der Zwischenzeit die Rosinen mit dem Rum marinieren und zugedeckt 25 Minuten ziehen lassen.

Die Butter in einer Pfanne erhitzen, den Zucker und die Mandelstifte zugeben, goldgelb karamelisieren lassen und sofort aus der Pfanne nehmen.

Die Rosinen, den kleingehackten Mandelkrokant und die steifgeschlagene Sahne unter die Ei-Milch-Masse heben, in eine Kastenform oder eine Reisringform füllen und im Gefrierfach oder im Tiefkühlschrank mindestens 4 Stunden durchfrieren lassen.

Das Rumparfait kann mit geschlagener Sahne, aber auch mit Rumfrüchten oder frischen Früchten garniert werden.

wiebel fein gewiegt, ein m

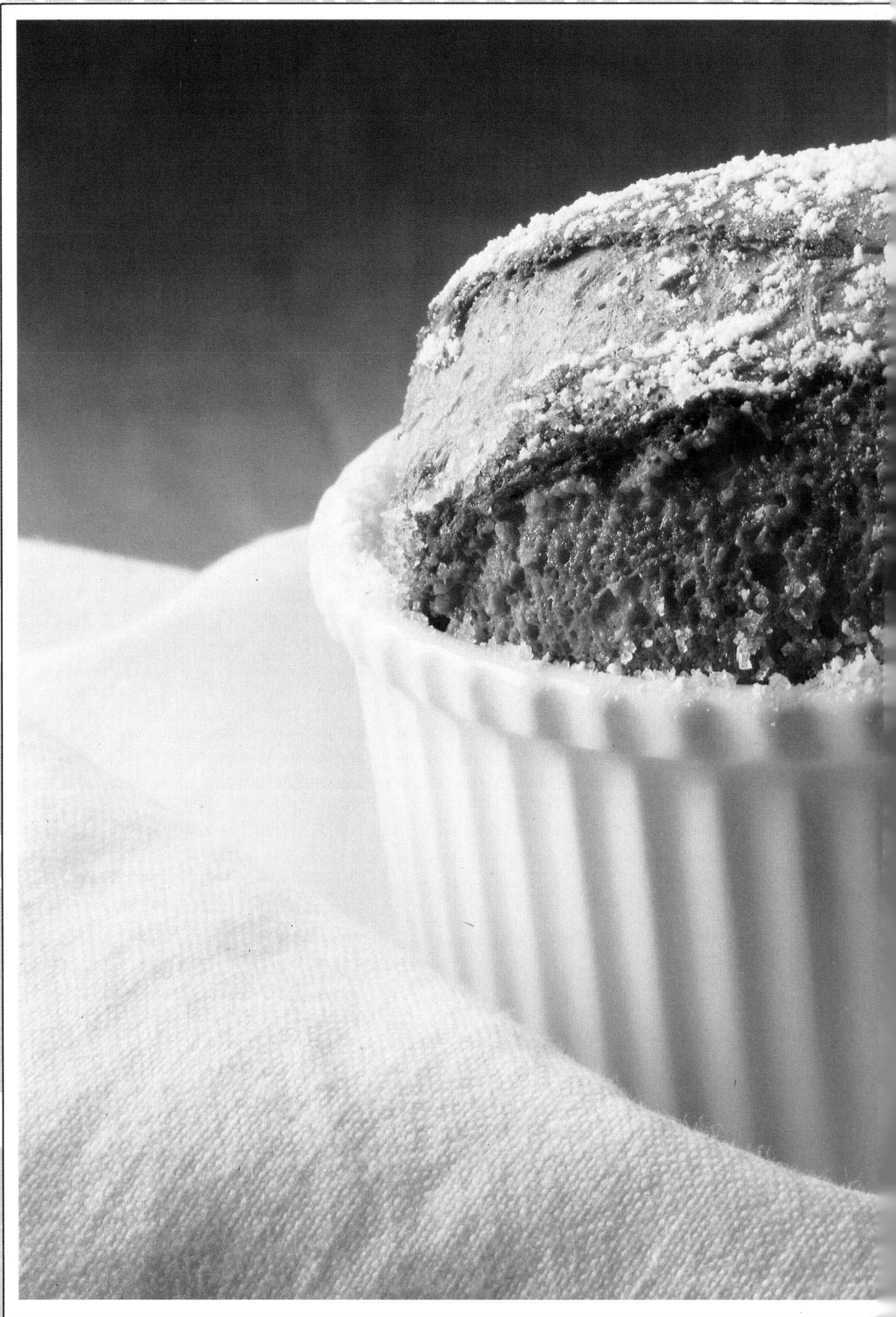

h ausbrate. In zwei

nig Butter (drei Loth [5

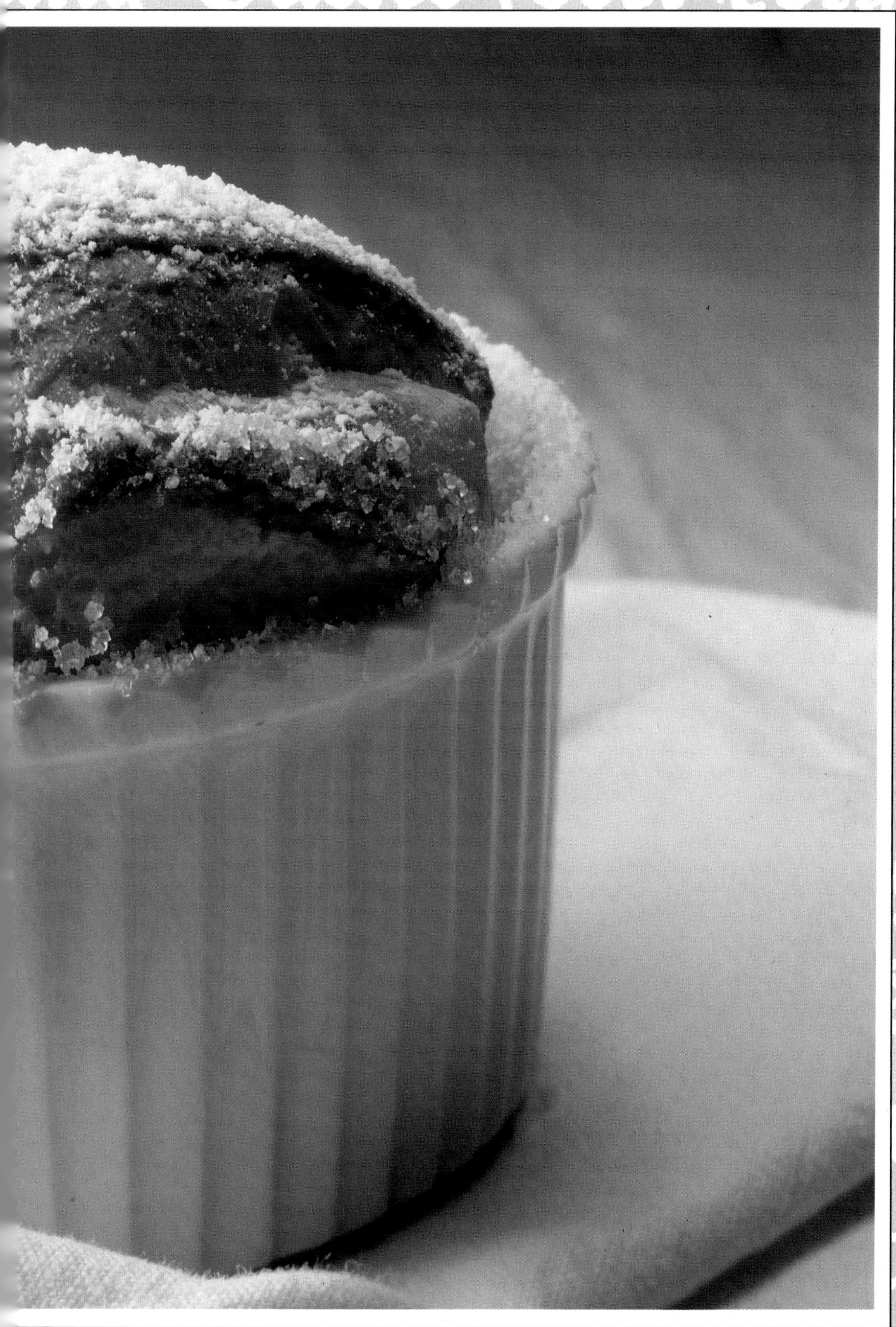

is drei Stunden ist sie

Grießflammeri mit Brombeeren

Zutaten

1/2 l Milch
Mark von einer Vanilleschote
60 g Grieß
4 Eigelb
100 g Zucker
6 Blatt Gelatine
500 g Brombeeren
1 EL Obstler
0,4 l Sahne
Förmchen

Zubereitung

Die Milch mit dem Vanillemark aufkochen, den Grieß zugeben und weiter leicht köcheln lassen, bis die Masse dicklich wird. Die Eigelb mit dem Zucker schaumig schlagen und zusammen mit der eingeweichten und ausgedrückten Blattgelatine zu der Grießmasse geben. Nochmals gut durchrühren und abkühlen lassen.

Die Hälfte der Brombeeren mit dem Obstler pürieren und zusammen mit der geschlagenen Sahne ebenfalls unter die Grießmasse heben. In Förmchen einfüllen und im Kühlschrank mindestens 3 Stunden durchkühlen lassen.

Zum Anrichten die Flammeris stürzen und mit den restlichen Brombeeren und eventuell Schlagsahne garnieren.

Geist-Soufflé

Zutaten

1/4 l Milch
1 Vanilleschote
60 g Mehl
60 g Butter
4 Eigelb
3 EL Geist: Himbeer-, Williams-, Kirsch- etc.
4 Eiweiß
80 g Zucker
etwas Butter zum Ausstreichen
der Förmchen
etwas Zucker für die Förmchen
Souffléförmchen

Zubereitung

Die Milch mit der aufgeschnittenen Vanilleschote zum Kochen bringen und etwas ziehen lassen, damit die Vanilleschote Ihren ganzen Geschmack abgeben kann. Das Mehl mit der kalten Butter verkneten, damit die Milch binden und auf dem Herd gut verrühren. Die Masse sollte ganz glatt und ohne Mehlklumpen sein. Etwas abkühlen lassen, die Eigelbe nach und nach unterrühren und mit zwei Eßlöffeln des Geistes abschmecken.

In der Zwischenzeit die Souffléförmchen mit der Butter ausstreichen und mit dem Zucker auskleiden. Die Eiweiß mit dem Zucker zu steifem Schnee schlagen und sehr vorsichtig unter die Soufflémasse heben. In die Förmchen füllen und im Backofen bei 200 °C ca. 40 Minuten backen, bis die Oberfläche schön knusprig ist. Die Backofentür sollte in dieser Zeit nicht geöffnet werden.

Vor dem Servieren den restlichen Geist über die Soufflés gießen, anzünden und brennend servieren.

◁ Geist-Soufflé, Rezept S. 192

Holunderküchle

Zutaten

20 Holunderdolden mit Blüten
200 g Mehl
$1/8$ l Milch
2 EL Weißwein
etwas Salz
2 Eier
1 EL Zucker
Fett zum Ausbacken
Puderzucker zum Bestreuen

Zubereitung

Die Holunderdolden vorsichtig unter fließendem Wasser reinigen und auf Küchenkrepp gut abtrocknen lassen.
Aus Mehl und den übrigen Zutaten einen zähflüssigen Teig rühren und 20 Minuten quellen lassen.
Die abgetropften Holunderblüten in den Teig tauchen. Das Fett nicht zu sehr erhitzen und darin die Holunderblüten mit dem Teig ausbacken. Wiederum auf Küchenkrepp abtropfen lassen, mit Puderzucker bestreuen und servieren.
Zu diesem etwas herzhaft schmeckenden Dessert paßt sehr gut eine große Kugel Mohn-Eis.

Apfelbällchen

Teig:

200 g Mehl
2 Eier
$1/8$ l Milch
$1/8$ l Apfelsaft, naturtrüb
$1/2$ TL Salz

700 g säuerliche Äpfel
2 EL Apfelschnaps
100 g Zucker
$1/2$ TL Zimt
Saft einer halben Zitrone
Fett zum Ausbacken

Zubereitung

Aus dem Mehl, den Eiern, der Milch, dem Apfelsaft und dem Salz einen zähflüssigen Ausbackteig herstellen und 20 Minuten quellen lassen.
In der Zwischenzeit die Äpfel schälen, entkernen und mit einem Ausstecher runde Kugeln formen. Mit dem Apfelschnaps, dem Zucker, dem Zimt und dem Zitronensaft marinieren und zugedeckt ziehen lassen.
Die Apfelkugeln im Teig wenden und im erhitzten Fett ausbacken.
Nach Belieben mit Puderzucker bestreuen und mit einer Kugel Eis servieren.

wiebel fein gewiegt, ein m

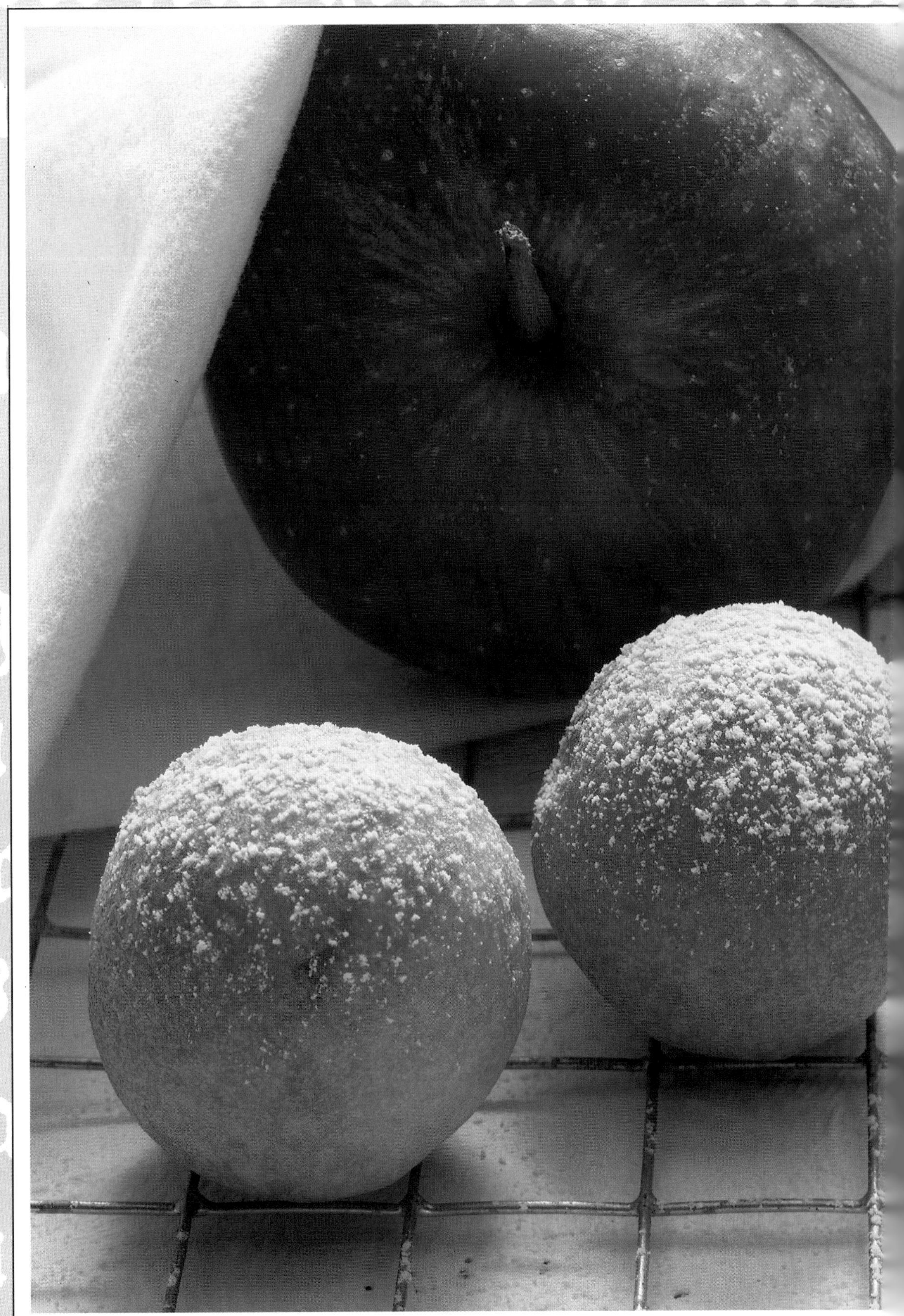

h ausbrate. In zwei

ine

was

ein

die

am

gieß

um

n

all

Melissenknödel mit Brombeeren

Zutaten

$^1/_2$ Stangenweißbrot
4 Eier
30 g Zucker
200 g Quark
150 g Butter
1 Prise Salz
$^1/_8$ l Sahne
110 g Mehl
1 Bd. Melisse

300 g Brombeeren
50 g Zucker
1 EL Obstler

Zubereitung

Vom Weißbrot die Rinde abreiben und das Brot in sehr feine Würfel schneiden. Die Eier mit dem Zucker leicht schlagen, den Quark, die restlichen Zutaten und die fein gehackte Melisse zugeben und 15 Minuten quellen lassen.
Kleine Knödel formen und in kochendem Salzwasser 15 Minuten ziehen lassen. Die Brombeeren mit dem Zucker und dem Obstler marinieren und zu den Melissenknödeln reichen.

Zimt-Rohrnudeln

Zutaten

500 g Mehl
30 g Hefe
0,2 l Milch
80 g Butter
1 TL Zimt
1 Prise Salz
2 Eier
Butter zum Bepinseln

Zubereitung

Das Mehl in eine Schüssel sieben und in der Mitte eine Vertiefung eindrücken. Die Hefe in der lauwarmen Milch auflösen, zu dem Mehl geben und einen Vorteig herstellen. Zugedeckt 30 Minuten gehen lassen.
Die Butter schmelzen und darin den Zimt, das Salz und die Eier verrühren und zu dem Vorteig geben. Nochmals gut verkneten und weitere 35 Minuten gehen lassen.
Den Teig zu dünnen Rollen formen, mit dem Messer kleine Stücke abschneiden und diese zu kleinen Kugeln formen. Eine feuerfeste Form ausbuttern, die Kugeln eng nebeneinander einlegen und nochmals kurz gehen lassen. Mit der Butter bepinseln und im Backofen bei 200 °C in ca. 35–40 Minuten knusprig backen.
Zu den Zimt-Rohrnudeln paßt am besten eine Vanille- oder Schokoladensauce.

◁ Apfelbällchen, Rezept S. 193

Aniswaffeln

Zutaten

175 g Puderzucker
2 Eier
0,2 l Milch
275 g Mehl
Mark von einer Vanilleschote
2 TL Anispulver
1/2 TL Zimtpulver
75 g Butter
Öl für das Waffeleisen

Zubereitung

Den Puderzucker in eine Schüssel sieben und mit den Eiern schaumig schlagen. Die Milch, das Mehl, das Vanillemark, das Anispulver und den Zimt unterrühren. Die Butter erwärmen und relativ schnell unter die Masse heben. Den Teig ca. 10 Minuten ruhen lassen und anschließend im leicht ausgefetteten Eisen knusprige Waffeln ausbacken.
Die Aniswaffeln schmecken warm mit Vanillesauce am besten.

Schokoladenpudding

Zutaten

120 g Bitterschokolade
7 Eigelb
100 g Zucker
40 g Semmelbrösel vom Weißbrot
120 g geschälte Haselnüsse
2 EL Cognac
7 Eiweiß
Große Puddingform oder Guglhupfgefäß
Butter für die Form

Zubereitung

Die Bitterschokolade im Wasserbad schmelzen. Die Eigelbe mit der Hälfte des Zuckers schaumig schlagen und unter die etwas abgekühlte Bitterschokolade rühren. Nach und nach die Semmelbrösel und die geschälten und gemahlenen Haselnüsse mit dem Cognac einrühren. Die Eiklar mit dem restlichen Zucker zu steifem Schnee schlagen und vorsichtig unter die Puddingmasse heben. In die Guglhupf- oder Puddingform einfüllen und im Wasserbad bei 170 °C in ca. 40–50 Minuten garen.
Die Puddingform sollte fast bis zum Rand im Wasserbad stehen.
Zum Servieren den Pudding vorsichtig auf eine Platte stürzen und eventuell mit Schokoladensauce oder Rumfrüchten garnieren.

wiebel fein gewiegt, ein m

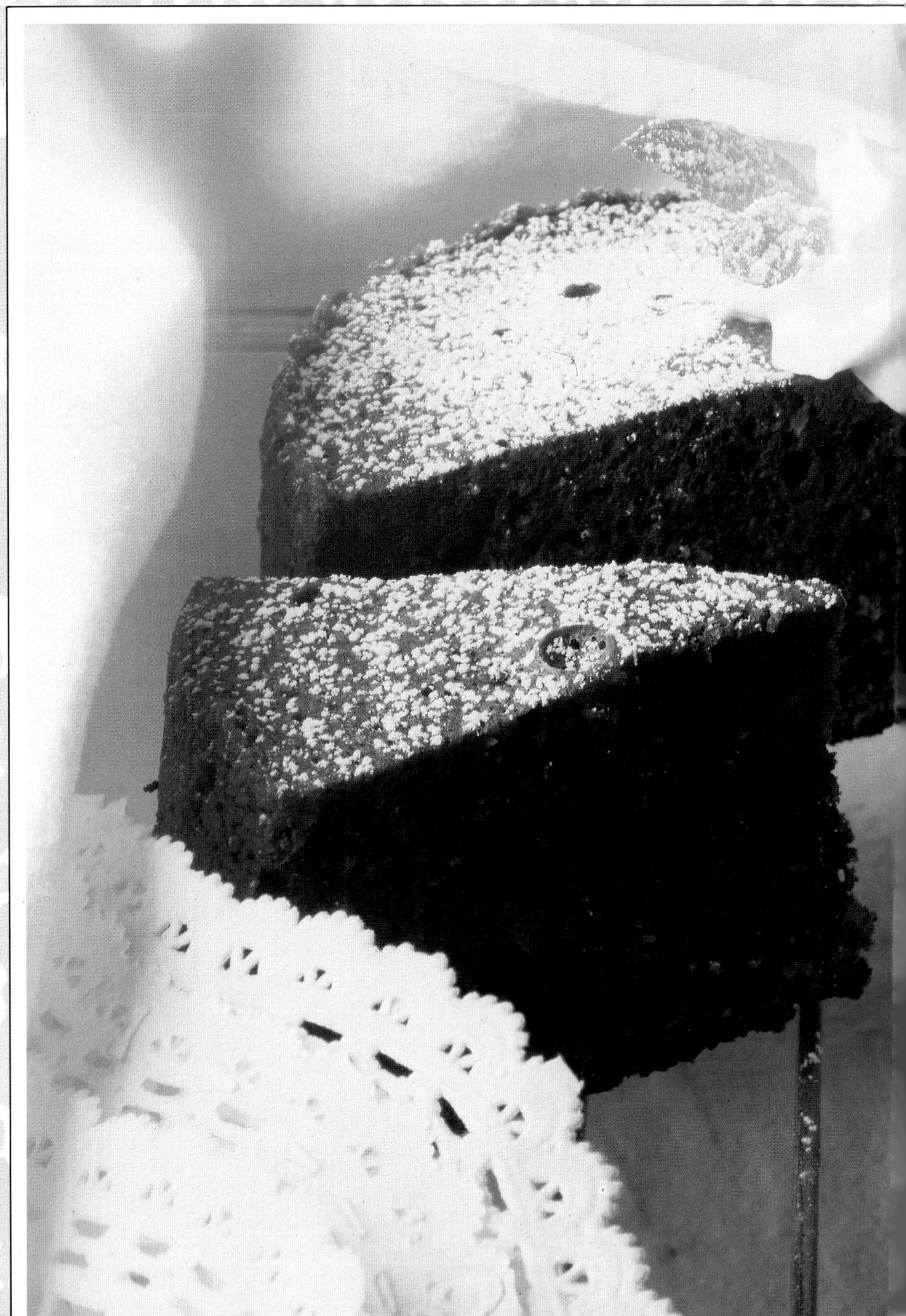

ausbrate. In zwei

enig Butter (drei Loth [5

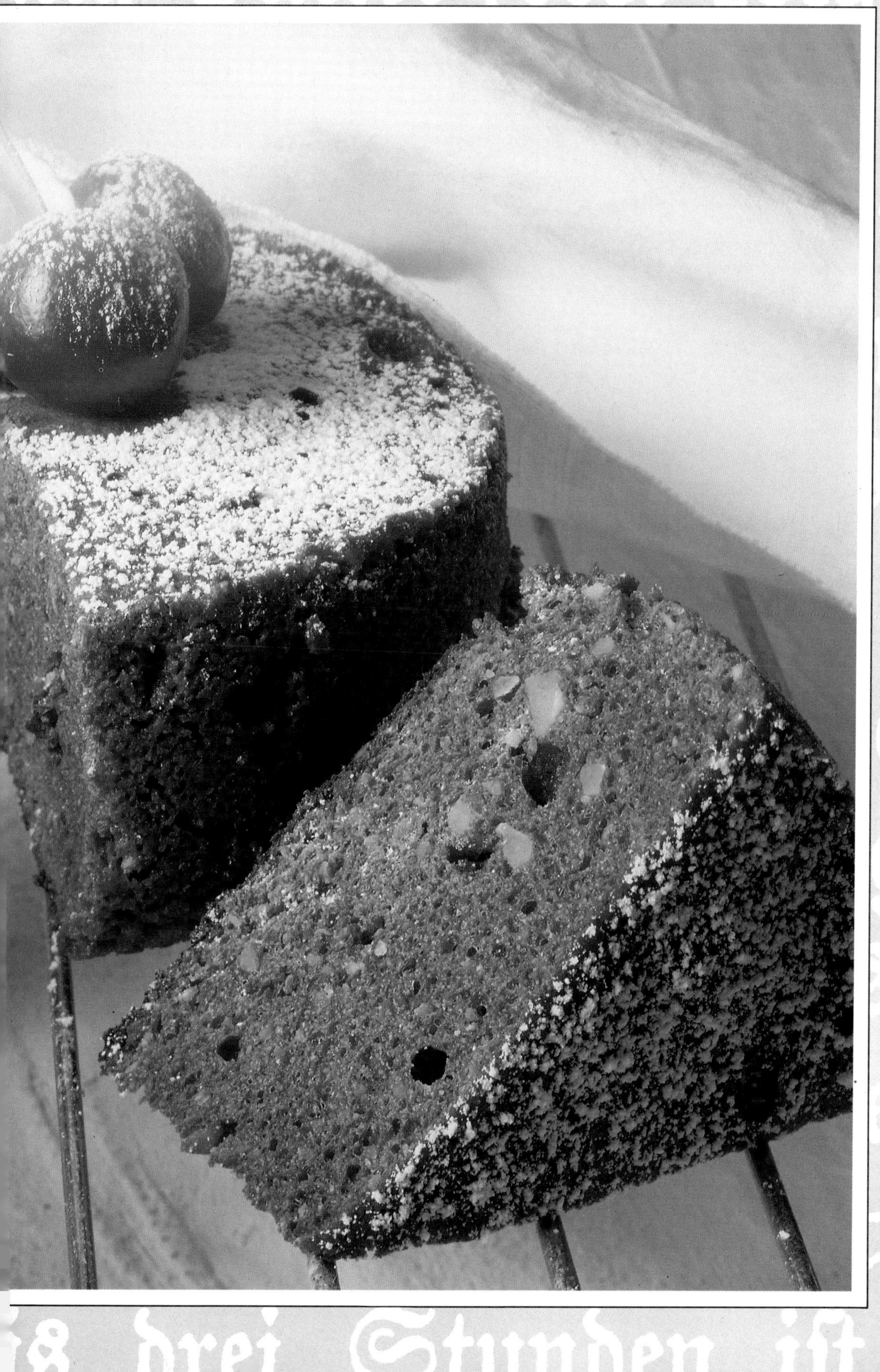

is drei Stunden ist sie

Blätterteigtörtchen mit Himbeercreme

Zutaten

350 g Blätterteig
50 g Butter
70 g Zucker
200 g Himbeeren
1 EL Himbeergeist
150 g Sahnequark
50 g Zucker
1 Bd. Pfefferminze

Tortelettförmchen

Zubereitung

Den Blätterteig dünn auswellen und in kleine Kuchenformen (8 cm ø) einlegen. Mit einer Gabel einstechen und mit der Butter bestreichen. Den Zucker darauf verteilen und im Backofen bei 200 °C langsam goldbraun backen und karamelisieren lassen.

In der Zwischenzeit die Himbeeren waschen, zwei Drittel mit dem Geist und dem Zucker marinieren und zusammen mit dem Sahnequark im Mixer fein pürieren.

In die erkalteten Blätterteigtörtchen einfüllen und mit den restlichen Himbeeren und der Pfefferminze garnieren.

Orangenguglhupf

Teig:
5 Eigelb
200 g Zucker
180 g Semmelbrösel vom Weißbrot
5 Eiweiß
1 Guglhupfform
Butter zum Ausstreichen der Form

Saft von 3 Orangen
Saft einer Zitrone
1 EL Orangenlikör
2 EL trockener Weißwein
feine Schalenstreifen einer Orange

Zubereitung

Die Eigelbe mit der Hälfte des Zuckers schaumig schlagen und mit den Semmelbröseln vermengen. Die Eiklar mit dem restlichen Zucker steif schlagen und unter die Eimasse heben. In die ausgebutterte Guglhupfform einfüllen und zugedeckt im Wasserbad bei 180 °C in ca. 35 Minuten garen.

In der Zwischenzeit den Orangen- und Zitronensaft aufkochen, mit dem Orangenlikör, dem Weißwein abschmecken und einen Teil Orangenschalenstreifen zugeben.

Den Guglhupf auf eine tiefe Platte stürzen, mit der Sauce übergießen und mit den Orangenschalenstreifen garnieren.

◁ Schokoladenpudding, Rezept S. 197

nig Butter (drei Loth [5

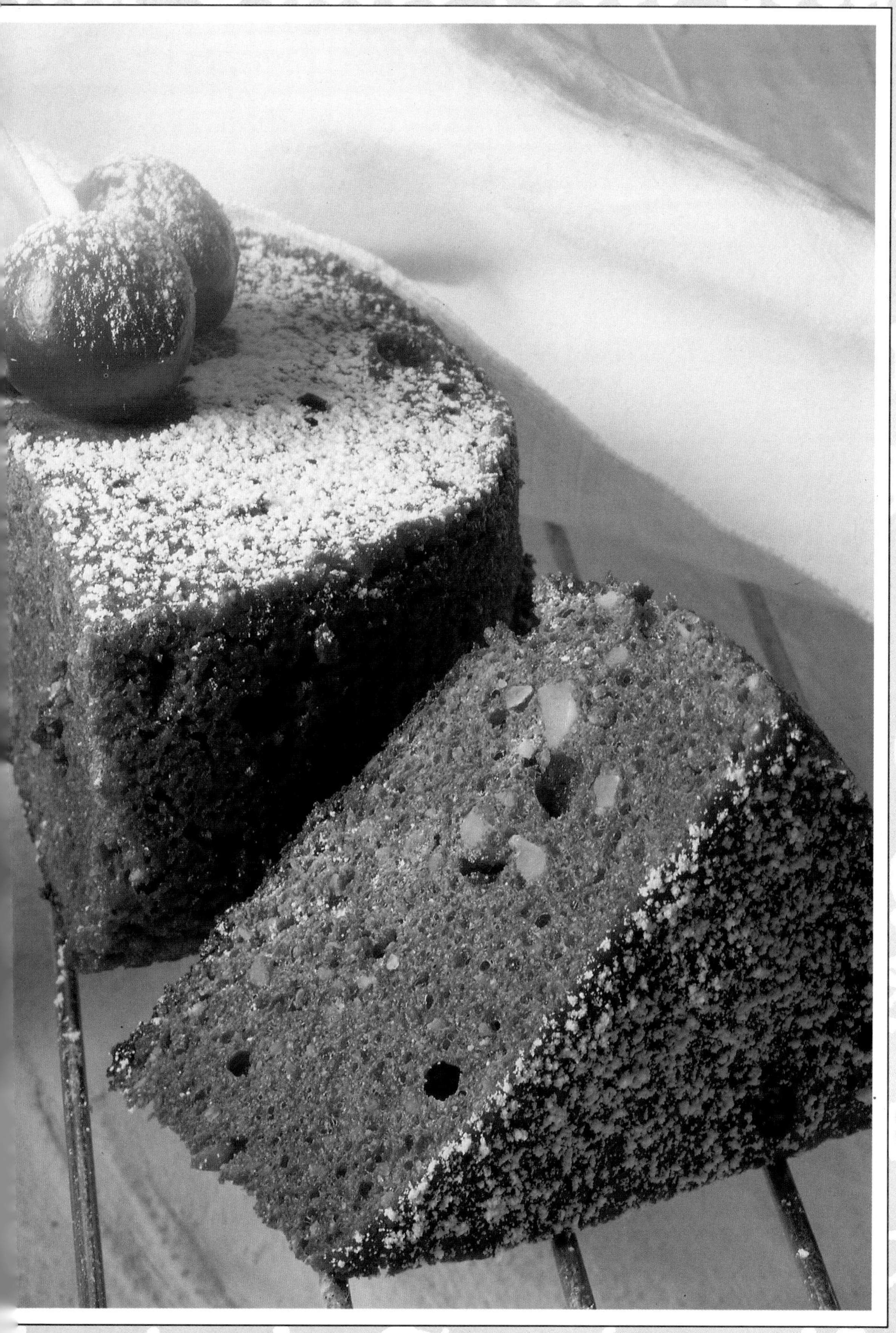

s drei Stunden ist sie

Omas flacher Apfelkuchen

Teig:

125 g kalte Butter
250 g Mehl
1 TL Backpulver
2 TL Vanillezucker
1 Ei
125 g Zucker
2 EL Milch

Belag:

100 g säuerliche Äpfel:
Cox-Orange, Boskop
100 g Zucker
2 El Zitronensaft
2 EL Rum

Guß:

4 Eiweiß
250 g Speisequark
125 g saure Sahne
100 g Zucker
2 TL Vanillezucker
4 Eigelb

Zubereitung

Die Butter in kleine Stücke schneiden und mit den anderen Zutaten einen geschmeidigen Teig herstellen. Im Kühlschrank 35 Minuten ruhen lassen.

In der Zwischenzeit die Äpfel schälen, entkernen, vierteln und in feine Scheiben schneiden. Mit dem Zucker, dem Zitronensaft und dem Rum marinieren und zugedeckt 10 Minuten ziehen lassen Für den Guß die Eiklar sehr steif schlagen. Den Quark mit den restlichen Zutaten verrühren und vorsichtig das geschlagene Eiweiß unterziehen.

Den Teig auswellen und eine Backform damit auslegen. Die Äpfel auf dem Boden verteilen und mit dem Guß bestreichen. Im Backofen bei 180°C in ca. 50 Minuten goldgelb backen.

wiebel fein gewiegt, ein m

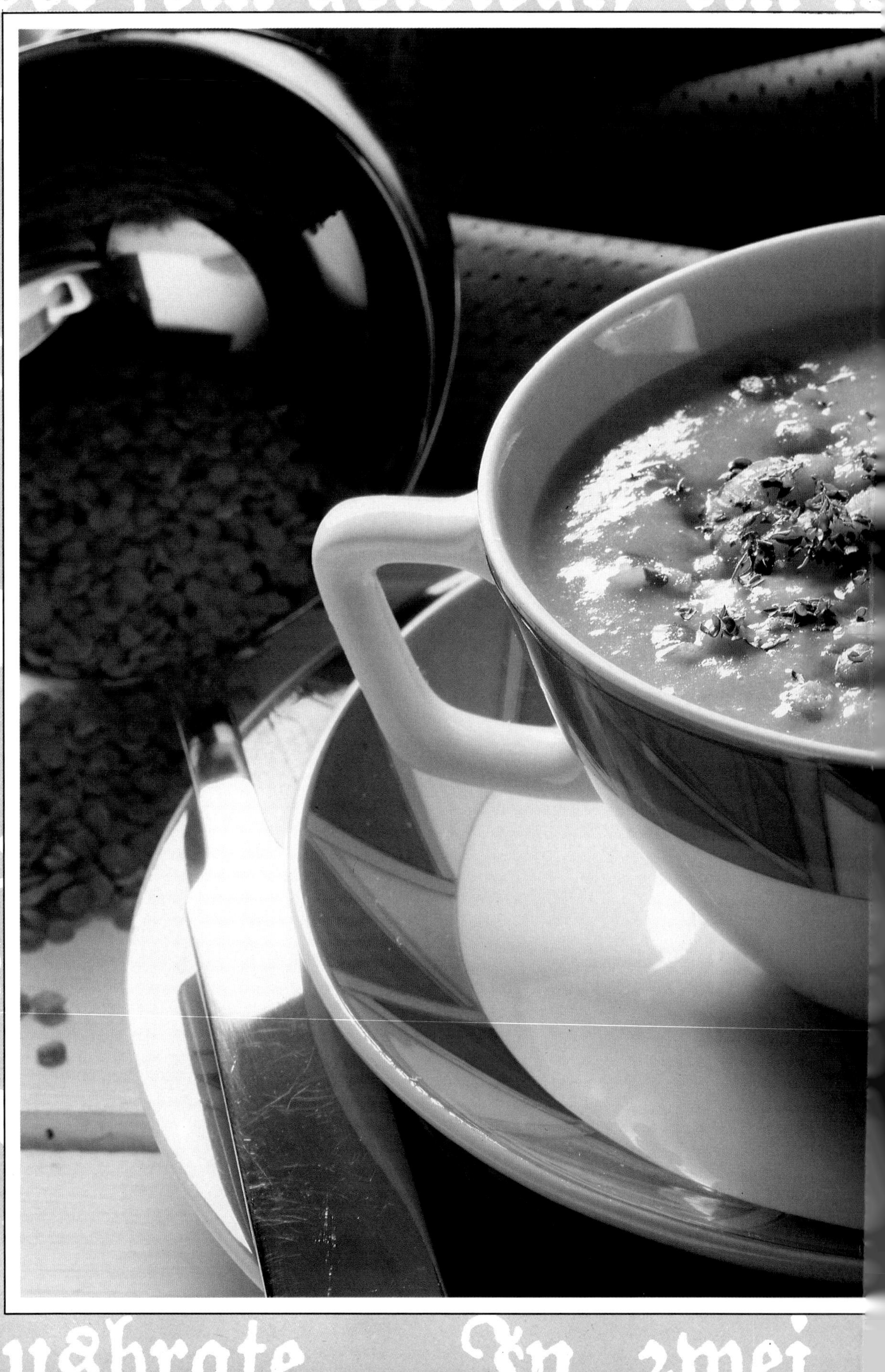

h ausbrate. In zwei

ine

wa

ein

die

am

gieß

un

e, n

all

◁ Rote Linsensuppe mit Flußkrebsen, Rezept S. 35

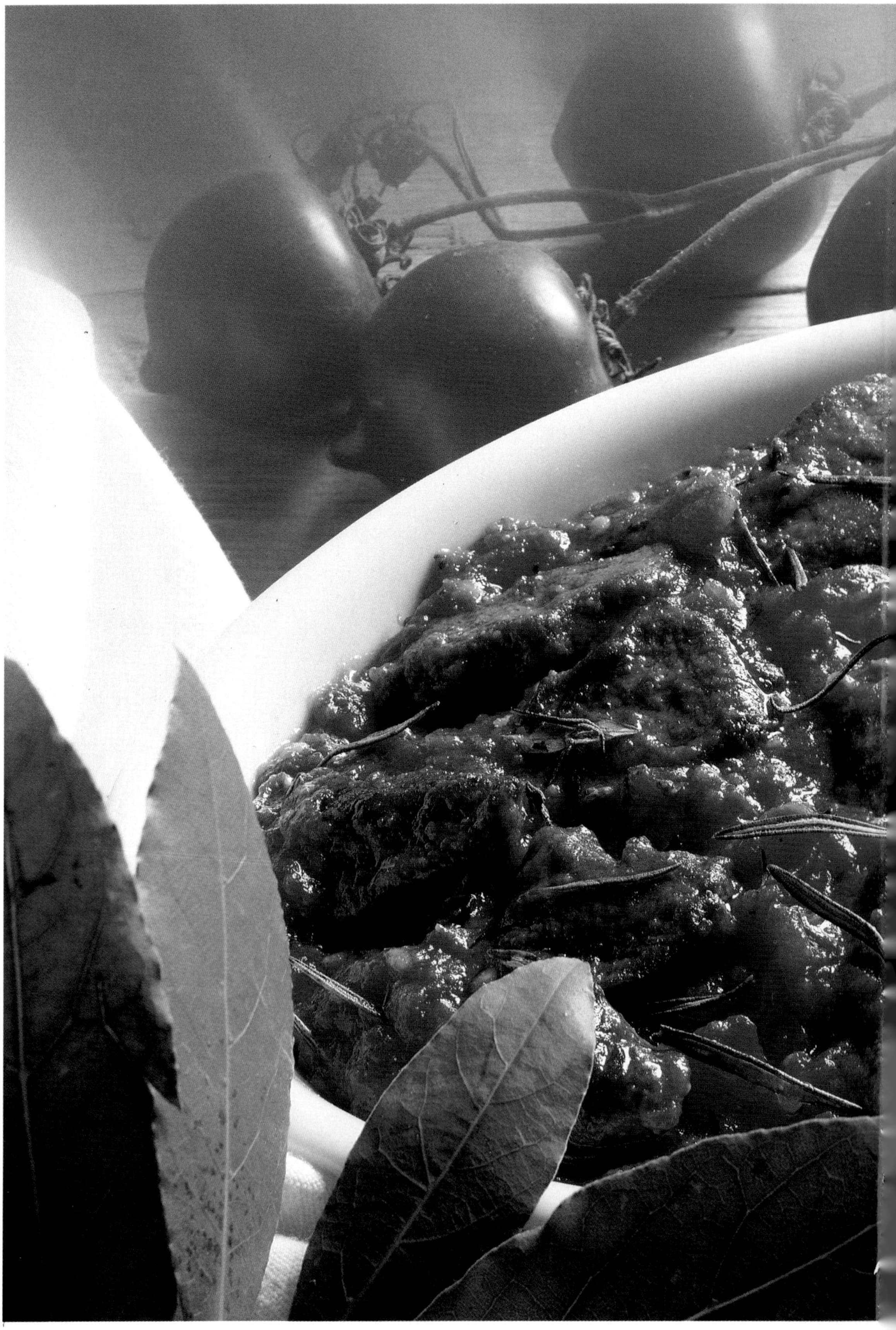

nia Butter (drei Loth [52

Au
ine
was
ein
die
am
gieß
un
e, n
all

s drei Stunden ist fie

◁ Rehgeschnetzeltes mit Tomatenpüree, Rezept S. 132